线装国学经典

三十六计

第三册

李楠 编译

第二十四计 假道伐虢

此计亦作『假途伐虢』，原出《左传·僖公五年》记载：春秋时，虞、虢二国毗邻，都靠近晋国，晋久有并吞野心，于是用荀息的计谋，先以名马、宝玉买通虞公，允其借道攻虢。晋灭虢后，回师途中又灭了虞国。此后即用『假道伐虢』泛指托借路之名，行灭亡该国之实的计策。侵入的战略大体分两种：一是以攻击接壤邻国为目标的谋略，如『远交近攻』；二是越过邻国去攻击远国，如『假道伐虢』。前者是为消除肘腋之患所用，后者是为灭远敌以争霸权而用。两者均属先发制人的侵入性战略。

『假道』也作『假途』，就是借路。其本意并非是对小国受『敌胁』时予以救援，而是乘势扩展兵力，控制对方，以便伺机突然袭击，占领该国。由此可见，『假道』是为掩盖其真实军事侵入意图的一种具体手段。晋献公采纳荀息的计谋，一箭双雕，灭虢国和虞国，就是在『假道』二字上做的文章。从历史经验看，虞公之所以亡国，在于贪小利而背大义，不听良臣宫之奇『辅车相依，唇亡齿寒』的忠言，宫之奇这一思想，实为御敌良策，已成为后世联弱抗强的重要战略思想。

晋献公『假道伐虢』一举兼并两国的成功经验颇为兵家重视。甚至被后人视作『成方』，反复套用。

《三国演义》第七回讲的袁绍用逄纪之策，使公孙瓒攻打冀州，迫冀州牧韩馥来求援，而后乘机灭韩。袁绍自离开洛阳后，率兵驻河内（今河南省武陟县西南），因缺少粮草，他对富庶的冀州十分垂涎，却苦无良策。谋士逄纪献计说：『可暗使人驰书公孙瓒，令进兵取冀州，约以夹攻，瓒必兴兵。韩馥无谋之辈，必请将军领州事，唾手可得。』袁绍听后，马上给公孙瓒写信，约他『共攻冀州，平分其地』。同时又派人密报韩馥，说公孙瓒将起兵攻打冀州。韩馥得知，大惊失色，不顾左右劝谏，急差人至河内请袁绍相助。

袁绍入冀州后，尽夺韩馥之权。韩馥懊悔不及，遂弃家投陈留太守张邈。接着，袁绍又同『盟友』公孙瓒翻脸，兵戎相见，自己独占了冀州。由于袁绍是顺应韩的渴求而行动的，虽是借机而入，却无『假道』之嫌，自然用之成功。

周瑜为从刘备手中夺回荆州，也使出了『假道伐虢』之计，妄图借出兵取西川路过荆州，在刘备出城劳军时『乘势杀之』，以武力夺取荆州。不料周瑜此计，被足智多谋的诸葛亮识破，将计就计，设下圈套。当他率兵至荆州城下，突然被伏兵团团围困，『活捉周瑜』的喊声响逾百里。周瑜知道中计，『大叫一声，箭疮复发，坠于马下』。周瑜的失败，是因为他在急于夺取荆州而荆州正小心提防东吴的情况下，照搬『成方』，只要稍有头脑之将领都能识破个中机关，何况博古通今的诸葛亮呢！

由此可见，施计用谋，比智斗术，要因时、因人、因地灵活变通；而因袭陈套，『照方抓药』，难免不事与愿违，自食苦果了。

1968年8月，苏联入侵捷克斯洛伐克，也是用的『假道』手段。在入侵前三个月，苏联、民主德国、波兰、匈牙利和捷克斯洛伐克五国，联合在捷举行军事演习。苏军借机向捷境内集结兵力和军用物资，熟悉作战地域。这次演习的地带、使用的部队和入侵时没有多大出入。8月20日23时，一架苏运输机飞临布拉格国际机场上空，伪称机械发生故障，要求迫降。当机场按国际惯例允许其降落后，机上突然出现数十名伞兵组成的先遣分队，迅速占领机场，威逼工作人员为其后续部队着陆服务。这次『假道伐虢』式的入侵捷克斯洛伐克，1989年12月4日在莫斯科举行会晤的苏、德、波、匈、保五国领导人宣布：是对捷克斯洛伐克内政的干涉行为，造成了长时间的消极后果，应当受到谴责。

『敌胁以从，我假以势』，此种借援助之名，行扩张之实，完全是一种『趁火打劫』的不义之举。这在古代诸侯、近代军阀的兼并战争中颇不少见；即使现代，这种鬼蜮伎俩，霸权主义和扩张主义者，对于弱小国家也并未停止使用，只不过其方式、手段、规模有所变化而已。善良的人们不要只具『菩萨心肠』，还得要有『火眼金睛』啊！

『假道伐虢』与日常工作和生活

梁朝的张率，刻苦好学，16岁时就写有2000余首诗，虞讷见到，说他写的诗很差。张率气得焚毁旧作，又重写几首给虞讷看，假说是著名文学家沈约写的。虞讷读后，啧啧称赞。张率莞尔笑道：『其实，这几首诗都是我写的呀。』从此，虞讷不敢小看张率了。

东汉永平年间，廉范被陇西太守邓融任为功曹。后来邓融被州里检举查办，廉范知道这事复杂，难以解决，打算用变通的办法来报答邓融。于是假称有病，请求离职。邓融不知其意，痛恨廉范忘恩负义。

廉范到了洛阳，改名换姓，请求代理廷尉监狱里狱卒的工作。不久，邓融果然解送到洛阳，关押在廷尉监狱里。这样，廉范得以守护在他身边，尽心地照顾他。

邓融奇怪他的相貌很像廉范，但绝没想到他就是廉范，于是对他说：『你怎么那么像我过去的功曹？』廉范呵斥他说：『你大概是处在困境中，因而两眼昏花，神经错乱了吧？』以后，邓融被释放出狱，贫病交加，廉范一直跟随在他身边照顾。邓融去世后，廉范送丧到南阳，后事全办完方才离去，最终也没说出自己的姓名。

『假道伐虢』与政治

马超被曹操战败之后，转而攻陇上诸郡，杀了凉州刺史韦康，占据了冀城，不料竟因此捅了马蜂窝，四处挨打。

韦康的故吏杨阜、姜叙、梁宽、赵衢等人，一心为韦康报仇，合谋攻马超。杨阜、姜叙在历城起兵，马超出兵攻打历城，而梁宽、赵衢却在冀城乘机作乱，断了马超的归路。马超只好往依汉中张鲁。可是，张鲁部将忌妒其才能，从中挑拨离间。张鲁便派马超北取凉州，但又不多给马超兵马。马超北上，与凉州军队交战，战事当然不利，只好退守葭萌关一带，进退两难，一筹莫展。

这时，刘备正围攻成都，得知马超的困境，便派李恢前去劝说马超归顺。马超得知李恢求见之后，便命刀斧手埋伏在帐后，乃与李恢会见。李恢一进帐，马超就厉声问道：『你来干什么？』李恢不慌不忙地说：『来做说客。』马超道：『我的宝剑刚刚磨过，你先说来我听，如果说得不好，就用你试我的剑。』李恢笑着说：『依我看，将军目前的境况如此之糟，恐怕新磨的剑不能试我，将军可能要试用于自己了。』

李恢接着说：『我听说日到中天就开始倾斜，月满之后就要亏缺。将军您与曹操有杀父之仇，与陇西为切齿之恨，前不能救刘璋于危难之中，后不能制张鲁部将之谋，四海难容，一身无主。假如再有渭桥之败，冀城之失，将军有何面目见天下之人呢？刘荆州曾经与令尊约定共讨曹操，将军正应继承先父之志，这样，上可以报父仇，下可以立大功于天下。』

一席话说得马超良久无语，终于下了投靠刘备的决心。

蜀汉初建，朱褒、高定、雍闿在南中地区联合反叛，又与蛮王孟获相勾结，派人到东吴邀结外援，声势颇为浩大。为了平定南中之乱，诸葛亮决定亲率大军出征。

诸葛亮到达南中之后，首先与高定接战，俘虏了高定部下许多士兵。诸葛亮故意把俘虏放回，并对他们说：『我知道高定是忠义之士，只不过是为雍闿迷惑，才起兵反叛，如果能够悔悟，我不怪罪他。』高定从归来的士兵口中听到这些话以后，深有悔改的意思。不久，便设计杀掉雍闿，把首级送给了诸葛亮。

这时，诸葛亮又伪造了一封朱褒的书信，对高定说：『朱褒已经给我一封信，信中说你与雍闿是生死之交，一定不会杀雍闿，所献的首级是假的，如果你诚心归顺的话，可以一并把朱褒的首级送来，那样，我才能相信。』果然，高定又杀了朱褒。这样，诸葛亮用『假道伐虢』计谋，兵不血刃，便消灭了这两股反叛力量。

东汉末年，赤壁之战后，孙权把荆州借给了刘备，刘备暂时有了一席之地。按照诸葛亮的计划，下一步是要占领益州。

当时割据益州的刘璋，由于受到汉中张鲁的侵扰，曾派别驾张松去见曹操，意欲加以依附。曹操未予理睬。张松回到益州建议刘璋联络刘备，刘璋派法正前往荆州见着刘备，说明来意，刘备殷勤接待，表示一定出兵讨伐汉中的张鲁，援助刘璋，并一再表示只想和刘璋同心协力共拒曹操，绝无占领蜀地野心。于是法正满心欢喜地返回成都。

公元211年9月，刘备果然借道入蜀支援刘璋抗拒张鲁、曹操。刘璋专派法正带四千人马迎接。法正、孟达均想投靠刘备，故劝刘备趁机杀掉刘璋攻占益州，而又有张松做内应，蜀地唾手可得。公元212年12月，刘备攻下涪城，进而攻占雒城。刘璋方知受骗，虽然杀掉张松，但为时已晚。公元214年5月，刘备大军进驻成都城下，刘璋不得已投降。刘备终于取得梦寐以求的益州。从此，刘备跨有荆益，实力强大，与曹操、孙权形成鼎足之势。公元221年，刘备在成都称帝，国号汉，史称蜀汉。

『假道伐虢』与商战

在商海大战中，在保持高度机密之下，通过合情合理的借口向对方实施攻击，强占对方的地盘，从而达到自己的目的。

在近代企业史中，有位叫阿曼·哈默的美国大富翁（后任美国西方石油公司董事长兼总经理），依靠他广泛交际获知苏联在卫国战争后，面临经济困难，粮食短缺，因饥荒饿肚子的儿童不计其数，难民到处可见。然而辽阔的苏联国土上有数不清的毛皮、白金、绿宝石。这使他联想到美国大丰收后小麦价格正大幅度下跌。如果『我假以势』将小麦运到苏联，他们定然乐意接受这种『援助』，自己不但有利可图而且将大有作为。通过贸易外交途径，他不仅给美国的小麦和苏联的『金玉珠宝』搭上桥，还让美国福特汽车公司、橡胶公司以及艾利斯—查尔斯机械设备公司也『乘隙插足』了。就这样，哈默在苏联获得了极高的荣誉和数不清的卢布。他看到在苏联商店里铅笔价比美国高十倍，了解到『扫盲』是苏联的一项国策，在他的筹划奔走下，很快在苏联建起铅笔厂，不仅满足了苏联市场的需要，还出口欧亚十多个国家和地区。与苏联各界尤其是上层人士的交往使哈默获得了大量信息，这些信息又帮助他施展『假道伐虢』的策略，使他成为商界巨头、铅笔大王和亿万富翁。

第五章　并战计实操运用

第二十五计　偷梁换柱

『偷梁换柱』，比喻暗中玩弄手法，以假代真。《红楼梦》第九十七回：『偏偏凤姐想出一条偷梁换柱之计。』（指以宝钗冒充黛玉与宝玉成婚之事）又作『偷天换日』『偷龙转凤』。它在军事上，是暗中抽换敌方主力，使之由主动变为被动，而后乘机将其吞掉或控制的一种计谋。

古代作战，敌对双方多要排列阵式。列阵须按东西南北的方位布置。阵中有『天衡』，首尾相对作为大梁；『地轴』则连贯于中央作为支柱。『梁』『柱』位置的部队皆是主力。因而，观察敌阵，即能发现其主力所在。『偷梁换柱』就是要设法抽敌方的主力，变敌之『梁柱』为我之『梁柱』，然后乘机将其制服的一种计谋。

此计的运用，一种是在古代战阵的条件下『偷梁换柱』，多是将敌营中暂时联合的力量，暗中争取过来为我所用。

春秋末期，握有晋国军政大权的智伯，联合韩氏、魏氏共同围攻赵氏。当赵氏濒临绝境之际，赵襄子采纳谋臣张孟谈『偷梁换柱』之计，用『唇亡齿寒』的利害关系，打动了韩、魏，与赵暗中结盟，并约定时期，三家军队同时向智军发难，从而一举消灭了智氏家族。

另一种认为『偷梁换柱』是调动敌人的计谋。其理由正如解语中的『频更其阵』，是指多次运用佯攻、佯动，使之改变阵容，调开兵力，再攻其薄弱环节，并非指频繁变更其盟军阵容。此种理解，虽与『并战计』

有些牵强，但还符合兵法上『分人之兵』的思想，即遇强敌，可先以各种佯动使其兵力分散，由强变弱，显然于我有利。似此理解亦无不可。

日军在第二次世界大战中为救援被美军围困在尔达康纳瓜岛的残余部队，所用的计谋，实质上也是『偷梁换柱』。1943年2月，日军大本营派小柳少将率十九艘驱逐舰急驶瓜岛。为掩护这一行动，潜藏在拉巴维尔椰子林的日密码破译队把电台信号调得与美军警戒机信号毫无差别，制造了一份假电报，准备伺机欺骗美军。2月7日凌晨3时40分，美基地电台频频呼叫在所罗门北的警戒机，而该机未及时应答。日破译队即冒充该机与美基地电台通了联络，将预拟的电报拍去。电文是：『发现日机动部队：航母2，战列舰2，驱逐舰10，方向东南，午前4时。』美基地电台果然中计，立即将此电报转发给美军各舰队。于是，美军最高司令部与下属部队间频繁通信，紧急调动机动部队和航空兵力。小柳少将乘敌混乱，率驱逐舰队满载瓜岛之日军残部，安然脱离了美军包围。由此看来，其关键在于能否设法『抽其劲旅』，以有利于达到预期的目的。

南北朝时，齐将鲁康祚侵魏，两军夹淮河对峙，魏军长史傅永说：『南军常在夜间偷袭，渡河时定将火把插入淮河中，标明水浅的地方。』于是魏军伏在营外，又用瓢装上油灯，令士兵置于淮水深处，一旦南军在河上点灯，便将其点燃。当晚，齐将鲁康祚果引兵渡河，傅永迎击。鲁见魏军有备，急令收兵。但此时灯火竞明，南军不辨深浅，淹死者不计其数。这是傅永把鲁康祚军队渡河赖以识别浅水的标志——火把的位置挪到深水区了，『偷换』了这个具有关键意义的『梁柱』，这实质上也属于『偷梁换柱』之计。

『偷梁换柱』与日常工作和生活

『偷梁换柱』在其他方面运用的事例，古今都不少见。例如，齐国孟尝君遭秦软禁，为脱樊笼，先由一门客偷出已献给秦王之狐白裘，用以贿赂秦王宠爱的燕姬，在其甜言蜜语下，秦王同意将孟尝君放回齐国。孟尝君得到过关文书，急忙奔赴函谷关。为防秦王派人追赶和守关人的刁难，他除隐姓换名改扮商人，还让一个有造假和挖补技能的门客，巧妙地在过关文书上『做了手脚』，才神不知鬼不觉地免去了函谷关的麻烦。但到关时正值午夜，而大门要鸡叫时才开。孟尝君怕秦兵追来，十分焦急，多亏他的另一门客会学公鸡叫，他一『叫』，群鸡皆鸣。于是关吏验证、开关，孟尝君一行便星驰而去。待秦王醒悟派兵追来，为时已晚，孟尝君等已经杳如黄鹤。这过关的一系列办法，就是用的『偷梁换柱』之计。

1987年以来，英国不断地出现毒品走私案件，引起了警方的注意。警方根据犯人的交代重点在海关港口侦察。

9月22日，一艘哥伦比亚籍『塔加莫』号集装箱船，刚抵达英国南安普敦港。海关警员仔细地检查，发现一个集装箱上一把锁有被撬过的痕迹。为了不『打草惊蛇』，他们设法调走了船上的人，然后用气割枪切开了集装箱顶。令人大吃一惊的是，里面竟装着263袋可卡因，重250多公斤，价值9000万美元。

警方为抓获所有毒犯，不动声色地用等重量的白粉末替换了塑料袋中的可卡因。通过国际刑警组织，了解到『塔加莫』号将要驶向法国、联邦德国、荷兰鹿特丹港。船上的毒犯先是在港口观察，认为『一切正常』，于是同接货的毒品集团联系。毒犯为了更加安全起见，精心设计了接货的行动方案，认为万无一失。此时，国际刑警组织及英、荷警方早把毒犯的联络行踪摸清楚。11月10日，当8名毒犯开始搬运集装箱时，警察突然出现，所有毒犯还没来得及拿出武器就被擒获。

『偷梁换柱』与政治

隋朝有个知县也曾妙用此计为民除害，扶正祛邪。泉县的大恶霸冯弧，倚仗姐夫是吏部侍郎，无恶不作，残害百姓。一次，他输了棋，一怒之下，竟用砖砸死对方。此案告到县里，知县魏复写了判处冯弧死刑的案卷，呈报到京城。吏部侍郎接过此案，批道：『此案不实，请魏县主另议。』将案卷退回，并暗中给魏复写信，说冯弧是他小舅子，让他从轻处理，将来保举魏复晋升高官。魏复十分愤慨，再次呈报案卷，仍被退回。他心生一计，在案卷上写：『杀人犯马瓜，无故杀人，欲予斩首示众，特报请审批。』第三次送京。吏部侍郎见后，没细看案卷内容，就挥笔批了『同意处斩』四个字。批文到县后，魏便在『马』字旁加了两点，『瓜』字旁加了个『弓』字，就成『杀人犯冯弧』，急令衙役将冯弧就地处决。等到吏部侍郎得知后，明知『上当』，但有口难言，已经无可奈何了。

公元前202年，刘邦即皇帝位，将妻子吕雉（今山东省单县人）立为皇后，儿子刘盈立为太子，女儿封鲁元公主。后来，刘邦宠爱的戚夫人生儿子名如意，封赵王。刘如意为人做事如其父刘邦，汉高祖很想立为太子。吕后为确保其子刘盈为太子，使用种种手段拉拢朝廷大臣，形成吕氏集团。甚至张良亦参与筹划说情，也未能改变刘邦立刘如意为太子之心。刘邦平定天下之后，曾宰杀白马与大臣歃血为盟：今后，不是姓刘的不封王，不是功臣的不得封侯；否则，大家共同加以讨伐。

公元前195年4月，刘邦病死，太子刘盈继位，是为汉惠帝。刘邦死时，吕后四天密不发丧，与吕氏亲信紧急磋商，但实力不足，未敢动手。后来，她毒死刘如意，砍掉戚夫人的手脚，挖了她的双眼，灌哑药，将其安置在猪圈里，让惠帝去看，惠帝吓得大哭，事后，生了一场大病，从此不理朝政。

公元前188年8月，惠帝死，吕后临朝执政。

『偷梁换柱』与商战

在商业竞争中，有的不法商人仿制对手的品牌，以劣充优出售，让对手信誉扫地倒闭，然后独占市场。

20世纪初，在『英美』『南洋』两个烟草公司的竞争中，『英美』公司为使『南洋』公司『频更其阵，抽其劲旅，待其自败，而后乘之』，曾采取不断改换和增加烟牌名称的办法。如1914年，『英美』在东北增出『白刀』牌以打击『南洋』的『飞船』牌。1915年，又在广东增出『大头针』牌和『大山』牌以打击『南洋』的『地球』牌。1936年，它见『南洋』的『金斧』牌在汉口畅销，即以『锦扇』『黄金』『燕子』『三八』和『多福』等牌名，轮流与『金斧』竞争，使『南洋』受到很大打击。更为可鄙的是，『英美』公司竟然依仗其资本雄厚，大量收买『南洋』的香烟，存放到发霉后再抛售出去，并唆使烟贩去找『南洋』退换。甚至买通『南洋』在雅加达的仓库保管人员，把『南洋』烟搁置发霉后再发货。1931年，在汉口采用将劣质香烟换入『南洋』的名牌『白金龙』小包之中的『偷梁换柱』的手段，还暗中派人至各摊、店伪装顾客，斥责『南洋』香烟的质量低劣，以损坏『南洋』烟厂的名声。

至于古往今来的一些『江湖骗子』，到处诈骗钱财，用『偷梁换柱』手段的更是不可胜数。

第二十六计　指桑骂槐

『指桑骂槐』，即俗话说的『指冬瓜，骂葫芦』。比喻明指张三，实骂李四。《红楼梦》第十六回：『偏一点，他们就指桑骂槐的抱怨。』运用于军事，它是以『杀鸡儆猴』『敲山震虎』的手段来严肃法纪，树立权威的一种治军策略。

军队必须有铁的纪律，才能令行禁止，攻之能克，守之可固，退之有序；反之，有令不行，有禁不止，各行其是，一盘散沙，这样的『乌合之众』根本无法作战，必败无疑。因此历代兵家无不重视严明军纪。

宋朝的抗金英雄岳飞善于治军，他的『岳家军』纪律严明，对百姓秋毫无犯，『冻死不拆屋，饿死不掳掠』。这支军队英勇善战，所向披靡，使金兵闻风丧胆，曾流传『撼山易，撼岳家军难』的赞语。

严明军纪，重在信赏必罚。赏，不忘士卒；罚，不避将帅。此计主要是以『罚』来整治军纪的。运用时，务须严格依法办事，要『罚不避亲，刑不畏贵』，切实做到：有法必依，执法必严，违法必究，在法律面前人人平等，为使治军卓有成效，特别要重视抓关键，抓对全局有影响的人和事。这样，才能树立权威，令人信服，才有号召力。我国历史上一些著名兵家在这方面有不少佳话，对我们很有启发。

吴王阖闾在拜孙武为将军前，读了他的兵法十三篇，赞赏备至，为试他的实际本领，将一百八十名宫女交他布阵。孙武便把宫女分为两队，并以吴王的两位爱姬各担任一队的队长，让所有的人都拿着戟。然后问道：『你们知道你们前心、左右手和后背吗？』宫女们说：『知道。』孙武说：『命令你们向前，就正对你们前心的方向；命令向左，就转向你们左手的方向；命令向右，就转向你们右手的方向；命令向后，就转向你们后背的方向。』宫女们说：『是。』交代清号令之后，把铁钺之类的刑具摆了出来，即三令五申，击鼓发令向右，宫女们都大笑起来。孙武说：『命令交代不明，没有反复申述，让部下都熟悉，这是将帅的责任。』再次三令五申，击鼓发令向左，宫女们仍旧哈哈大笑。孙武说：『已经三令五申，将条令交代清楚了，仍然不执行命令，那就是下级士官的过错了！』于是下令斩两个队长。吴王大惊，急忙派人传令，希望不要杀她们。孙武说：『将在外，君命有所不受！』于是，杀了两姬，另选两名队长，再次击鼓演习。这一来，宫女们都严格操练，合乎兵法要求了。后来，吴王拜孙武为将，终于打败了楚国，称霸中原。今天看来，孙武把两个吴姬斩首未免处治过重，但其『有法必依，执法必严』的思想是值得借鉴的。其他如『穰苴辕门斩庄贾』『孔明挥泪斩马谡』等，都是通过抓个别典型的方法来严明军纪的。但是，以『罚』治军，不能动辄就罚，实行惩办主义；也不能『不教而诛』或者罚不得当，否则效果将适得其反。

对于『赏』的重要，我国古代兵家多有论述。尉缭子说：『赏禄不厚则民不勸（尽力）。』黄石公说：『礼赏不倦，则士争死。』曹操说：『军无财，士不来；军无赏，士不往。』等等。可见，物质奖赏对治军、激励士气的作用非比寻常。当然，对精神鼓励也须重视。

本计主要是强调治军要『严』。但同时还应当重视『宽』，并使『宽』与『严』密切结合。『严』为法治，晓之以理，绳之以法；『宽』为情治，动之以情。一味地严刑峻法并不能激发人们的感激之情，调动不了下属的积极性。以『宽』治军就是待兵要宽厚，要爱护。古代兵家吴起即以『爱兵如子』闻名于后世，他与士卒风雨同舟，休戚与共。因此，士兵都以父视之，甘为驱使，效命疆场。吴起为大将期间，率兵作战，所向无敌，成为有名的常胜将军。古代兵家爱兵，当然不只吴起一人，在他之前孙武就曾指出：『视卒如婴儿，故可与之赴深溪；视卒如爱子，故可与之俱死。』在他之后的尉缭子、黄石公等，不仅重视爱护士卒，还认为爱兵是治军的前提，是设谋制胜的保证。因此，『宽』『爱兵』，不仅治军者需要重视，而且肩负行政、商贸以及其他管理重责的人们，要开创『人心齐，泰山移』的新局面，都应当效法孙武、吴起等古今楷模，在这方面下功夫去身体力行。

『指桑骂槐』与日常工作和生活

北齐高湝任并州（今山西省太原市西南）刺史，有一妇女脱下新靴，在汾水边洗衣服。一骑马的人过路，乘她没注意，脱下自己的旧靴，换穿其新靴而去。因此妇女持旧靴往州里报案。

高湝自幼聪明过人，将城外各家的老太太请来，把旧靴拿给她们看，骗她们说：『有一骑马的人半路被强盗抢劫杀害，只留下这双靴子。你们知道这人有亲属吗？』有一老太太听后捶着胸号啕大哭，边哭边说道：『我儿子昨天就是穿着这双靴子去他妻子家的啊！』高湝就派人去把此人抓获。

西汉时，汉武帝乳娘侯母家里的人横行不法，武帝知道后，不忍将其法办，决定让她全家迁到边疆居住。乳娘不愿离开京都，却又不敢违抗皇帝的旨意。无可奈何之下，想起汉武帝宠信的郭舍人，便去求其帮助。侯母将事情的原委诉说后，郭舍人安慰她说：『当你向皇帝辞行的时候，只回头看皇上两下，我就有办法了。』

这天，乳娘叩别武帝，满眼泪水，频频向武帝回顾。郭舍人乘机大声呵斥她说：『老婆子，还不快走！皇上现在已经长大成人了，难道还用得着你喂奶吗？还老回头看什么呢？』

汉武帝一听此话，感到十分难过，想起自己是吃她奶水长大的，她又没犯什么大错，就立刻收回成命，留下乳娘一家子，不再迁往边疆了。

『指桑骂槐』与政治

赏与罚，相辅相成，二者兼用，更见成效。『赏』，也可以『指桑骂槐』，往往比『罚』更具积极意义。

战国时政治家商鞅变法，就从『赏』与『罚』两方面运用了『指桑骂槐』。他在变法之令准备就绪尚未公布时，为了使人们确信新法，严格遵守，切实做到法明令行，就在秦都南门立起一根高达三丈的木杆，并下令：无论谁能将此木杆搬至北门者，皆赏十金。最初，民众不信有此重赏，只是围观并无人搬。随后商鞅将赏金提到五十金，有人将大木杆搬至北门，商鞅就当众如数付给他五十金。人们都说：『公孙鞅说话真算数啊！』到这时，商鞅才把预先准备好的新法条令叫人张贴出来，并在条令后写：『法令公布，立即执行，有违犯者，定罚不赦！』当新法遭到太子驷的师傅公子虔等人反对，并唆使太子犯法时，商鞅即启奏孝公：『太子犯法系有人唆使，请将唆使之人治罪示众。』孝公准奏。结果，商鞅便将这几个破坏变法的大臣，分别处以『墨』（脸上刺字）、『劓』（割掉鼻子）之刑，搬掉了绊脚石，使新法得以顺利推行。这是『杀鸡儆猴』在政治上的运用。

战国时著名军事家吴起『北门徙辕』之令，说明信赏必罚才能取得士卒的信任。在吴起任西河守时，秦有小亭临界。他想把它夺过来，但不知士卒是否愿意听从指挥，为此效命。于是便使用『指桑骂槐』之计，命人将一车辕置北门外，下令说，谁能将此车辕搬到南门外，就赐他田宅。开始，大家都不相信，好久也无人搬。后来，有个士卒抱着试试看的心理把它搬到南门外了，吴起当即实践了诺言。士卒们无不称赞他言而有信，吴起见时机已经成熟，便下达攻占秦国小亭的命令，并宣布：凡首先攻进小亭的就赐他们田宅。战斗一打响，人人奋勇争先，一个早上就拿下了秦国的小亭。

『指桑骂槐』与商战

在企业管理中，运用『指桑骂槐』，使赏罚有信，也可收到好的成效。

福州铅笔厂的少数职工原有偷拿公物的行为，于是该厂在改革中做出了明确规定，按情节轻重予以严肃处理，重者开除出厂。『立法』后，有个别人『以身试法』，结果碰了『硬』，『自食其果』，这股歪风便一举刹住了。该厂对在厂区内抽烟者，又规定违反的一次罚四十八元。后来动了一次『真格的』，这种现象就消除了。在企业管理中，要重视『奖当奖者，罚当罚者』，奖优罚劣，刚正不阿，特别是要重视奖励对生产做出卓越贡献的先进分子，防止『偏赏』，不搞『人人有份』。这样就能达到『奖一劝百』，调动全体职工的积极性。

第二十七计 假痴不癫

『假痴不癫』就是表面装糊涂，实际很清楚，目的在于把自己隐蔽在『假痴不癫』之中，欺骗麻痹对手。汉朝人在假托为吕尚所编写的《六韬》里说：『鸷鸟将击，卑飞敛翼；猛兽将搏，弭耳俯伏；圣人将动，必有愚色。』这些都是用假象来欺骗、迷惑和引诱敌人。在军事上，它是麻痹敌人、待机破敌的一种策略。即孙子所谓『能而示之不能，用而示之不用』的老成持重的手段。

『能而示之不能』，关键在于了解敌将之心，顺从对手的意图，相机行事。

关羽在水淹七军大获全胜之后，被胜利冲昏了头脑，一心想『取了樊城，即当长驱大进。径到许都，歼灭操贼』，早就把东吴的威胁置诸脑后。吕蒙和陆逊就是适时利用关羽这种骄横的心理，一个托病辞职，一个故作卑谦，巧妙地运用政治伪装和外交伪装，使他真以为东吴害怕了，便失去警惕，疏于防范。东吴见时机成熟，用军事伪装，突然袭击的手段，轻而易举地占领了荆州。关羽『大意失荆州』，立即陷入了腹背受敌的困难境地。这次假如把骄纵轻敌的关羽换为谨慎行事的孔明，情况就会不同了。孔明非但不会上当，还有可能将计就计，让吕蒙与陆逊重蹈周瑜『赔了夫人又折兵』的覆辙。

『兵者，诡道也。』敌我相争，生死拼搏，对敌无诚实信义可言。大凡成功的军事行动，多与欺骗麻痹敌人紧密相连。

东吴的周瑜，这位千古风流的『反间计』导演，在群英会上他『假痴不癫』，就坡骑驴地演了一出酒后吐『真言』、帅案放『降书』的假戏，使自作聪明的蒋干如获珍宝，连夜溜回大营，报告曹操，从而使周瑜『借刀杀人』，翦除了曹营中的水师顶梁柱——水军都督蔡瑁、张允。为使黄盖的诈降成功，周瑜又假戏真做，演了一场惟妙惟肖的『苦肉计』，并利用蔡中、蔡和向曹操传递假情报，终于使老奸巨猾的曹操上钩，吞下了『火烧赤壁』的苦果。此外，司马懿在剪除政敌时，也以『假痴不癫』来欺骗对手。魏主曹芳登基，司马懿明升太傅，暗中兵权旁落于大将军曹爽之手。他为夺回兵权，以屈求伸，伪装衰老病重，使曹爽对其失去警惕。果然骗得曹爽放松了对他的戒备。一天，司马懿乘其随魏主外出狩猎之机，发起兵变，一举杀死曹爽，夺回了兵权。

『假痴不癫』在历史上也有作为『愚兵』之计来治兵的。

宋代南方信奉鬼神。狄青在征伐壮族首领侬智高时，大军开赴桂林南，他便假装拜神，手持百钱祝道：『果能大捷，则投此钱面也。』左右恐事若不成影响士气，极力劝阻。狄青不听，突然挥手将百钱掷地，居然尽是钱面。全军为之欢呼，声震林野。狄青亦喜，命左右取钉，就地钉牢，上盖青布，并亲自封好，说：『俟凯旋，当酬神取钱。』后得胜回师将钱取下，僚属们一看，原来这些钱两面皆同。《孙子兵法》中也讲过『能愚士卒之耳目，使之无知』的话。

此计用于其他方面的事例亦属常见。

孙膑与庞涓曾同师学习兵法。后来庞涓当魏国大将，孙膑曾找他谋事。庞涓妒忌孙膑本领比他强，便诬告孙膑私通齐国，砍下他的膝盖，使之残废。表面却装好人把他『供养』起来，让他将《孙子兵法》背录下来；实际是等到手后，再结束孙膑的性命。侍候孙膑的老人见孙膑受了冤屈，便将庞涓的阴谋告诉他，孙膑才恍然大悟，设法脱离险境。于是，当晚便烧毁已写好的兵书，装起疯来。庞涓不信，将他关在猪圈里。孙膑披头散发地躺在地上睡觉，醒后将送来的饭菜倒掉，却抓起猪粪吃，庞涓这才信以为真。后来，孙膑在齐使的帮助下逃出樊笼，做了齐国的军师，并在马陵道置庞涓于死地，报了刖足之仇。

刘备为避免曹操怀疑，于己不利，曾用韬晦之计，整天在后园种菜，以示自己安于现状，别无所图；曹操『煮酒论英雄』时，他遍举袁术、袁绍、刘表、孙策、刘璋等，甚至提到『二流人物』，却不提曹操和自己。不料曹操竟说：『现在天下称得起英雄的，只有你和我呀！』一语道破，使刘备『失神』，恰好这时天降惊雷，被他借机巧妙地掩饰过去了。对此，《三国演义》中还有『勉从虎穴暂趋身，说破英雄惊杀人，巧借惊雷来掩饰，随机应变信如神』的诗句赞扬他的应变才能。

『假痴不癫』与日常工作和生活

在日常工作和生活中，也有故意施放烟幕弹装糊涂，把自己的真正面目隐藏起来的。三国时，曹操恐怕被人暗地杀害，常吩咐左右的人：『我在睡梦中好杀人，当我睡觉时，你们切莫靠近。』有一天他在帐中睡觉的时候，被子掉在地上，一近侍慌忙中把被子再给他盖上。曹操一跃而起，拔剑把近侍斩杀了，仍上床睡觉。等了一会儿，当他睡醒起来后，惊奇地问：『何人杀我近侍？』众人将他在梦中杀人的经过如实相告。曹操伤心地痛哭，并命厚礼埋葬。人们以为曹操真是在梦中杀人，只有杨修知其用意，指着尸身叹息说：『丞相非在梦中，君乃在梦中耳！』原来，曹操在这里正是使的『假痴不癫』之计。

往往与人商谈事情时，当看出对方想转移话题蒙混过关时，就说：『你可不能 王顾左右而言他 呀！』即是说『你可不能装糊涂与左右的人说别的事』。

明武宗正德年间，宁王宸濠慕唐伯虎之名，重金加以延聘。唐伯虎觉察出宸濠心怀异志，可能发生叛乱，便想逃离这火坑。但他深知如果提出辞职请求，必然被宸濠怀疑，招致杀身之祸，于是仿效战国时孙膑假装疯魔。宸濠得知唐伯虎发疯，觉得突然，不甚相信，便派人以赠送礼物为名，借此观察唐伯虎是否真疯。唐伯虎知道来意，越是疯狂得厉害，赤裸着全身，伸开两足如簸箕状，用手玩弄着阳物嬉笑，见侍者就发怒地把着自己的阳物骂道：『你也想得到它吗？』把宸濠所赠的礼物全部扔到地上，往上面撒尿，然后又捡起来吃。侍者回去后将自己的所见所闻向宸濠做了汇报。宸濠认为唐伯虎真的患了疯病，于是赠送一笔金钱，打发他回家乡。唐伯虎因此安然脱险。

不久，唐伯虎预料的事发生，宸濠果然举兵叛乱，兵败被诛，其党羽无一幸免。唐伯虎因有先见之明，行『假痴不癫』之计，及早脱身，才免遭身首异处的灾难。

『假痴不癫』与政治

『假痴不癫』是一种麻痹敌人待机而动的谋略。此计古代运用在军事上，一般都是在不利于己的形势下，利用伪装以障敌耳目，等待时机再转守为攻。后来，此计也有人用于政治上。

战国魏文侯时，邺地（今河北省临漳县西南邺镇）的官吏、豪绅与女巫假托『河伯娶妇』，强选少女，投入河中，不然，就说会有洪水为灾，借以愚弄人民，榨取钱财。西门豹为邺令，决意为民除害。到『河伯娶妇』时，故意说所选女子不漂亮，要女巫、官吏去与河伯商量另外选送，立刻命人强行把他们先后投入河中。邺地的官吏、豪绅们都很惊恐，从此不敢再提说为河伯娶妻的事了。西门豹初对此佯装不知，其实是运用『假痴不癫』之计，一举制止了荒唐可笑的河伯娶妇的罪恶勾当，结束了当地人民的灾难。

在法庭上，有人成功地运用『假痴不癫』的计谋，迫使对方自供实情赢得胜诉。穷老汉王庄将所养的一匹烈性马拴在树上，恰好有一大腹便便的富人路过，也把所乘的马拴在这棵树上。王老汉便告诉他：『我的马性子烈，拴在一起，它会把你的马踢死的，你还是另找一棵树拴马吧。』尽管王庄一再告诫，这富人依旧我行我素，不予理睬。不久，果然两匹马踢打起来，富人的马竟被踢死。富人蛮不讲理，来个『恶人先告状』，拉着穷老汉去见法官，要他赔偿被踢死的马。

在法庭上，王庄为防富人奸诈不讲实情，难脱干系，便来个『假痴不癫』，任凭法官一再问他：『是你的马踢死了他的马吗？』只眨眨呆滞的眼睛，一声不吭。法官以为他是哑巴，说：『这就难办了。』富人说：『他这是装的，刚才他还跟我讲过话来。』法官追问：『他对你讲什么来着？』富人把他拴马时王老汉对他所说的话重复了一遍。于是法官明白了真相，判决富人无理，老汉不应赔马。法官问老汉为何装哑？老汉说：『让他自己讲真相，不是比我讲更让你相信吗！』

徐文长曾妙用此计躲过公差捉拿。明代被誉为学富五车、满腹经纶的徐文长，因不满时政，写文章冒犯了绍兴知府，知府派公差前去捉拿他。徐文长闻讯赶紧离家，穿过几条小巷，来到华弄里，公差便随后追来。徐文长见前面弄底立着一块『泰山石敢当』的石碑，灵机一动，计上心来，便看着碑不慌不忙地念道『秦川右取堂』，那几个公差没见过徐文长，见他把这碑上并不难认的字都念错了，就说：『走，这个人是白字先生，泰山石敢当都不认识，哪能是徐文长！』说着，便匆匆往前追去。徐文长就这样用『假痴不癫』之计轻易地从公差眼皮底下溜走了。

『假痴不癫』与商战

清代诗人郑板桥曾留下广为流传的名句：『聪明难，糊涂难，由聪明转入糊涂更难。』这实质就是『假痴不癫』之术。这种『能而示之不能，用而示之不用』，卑而骄敌的策略，一些外商也深谙此道。他们往往扮成谦谦君子，见面深深鞠躬，赞颂备至，表白『真诚』无比：『愿为贵国竭诚服务』，报『最低价格』，做『赔本买卖』。因而常使一些人确信他们的『友好』『开明』。其实，这正是为迎合我们一些人的虚荣心理，使之神经麻痹，双眼『失明』，对其盲目信任，不知不觉、高高兴兴地上当受骗，在商贸中吃了败仗。小而言之，有的坏人在街头巷尾，假装聋哑、傻子，面带可怜的样子，欺骗善良的人们，似乎他在行乞，其实在干骗人甚至行窃的勾当。据了解，这些人有的还成了万元户。

第二十八计　上屋抽梯

『上屋抽梯』，亦作『上房抽梯』『上楼去梯』。此计，也有叫『过河拆桥』的，比喻诱使前进而断其退路。见《孙子·九地篇》：『帅与之期，如登高而去其梯。』原意也见于《三国志·蜀书·诸葛亮传》，荆州牧刘表之长子刘琦，因后母偏爱幼子刘琮，常受压抑，屡求自安之策于诸葛亮，均遭拒绝。一天，刘琦引诸葛亮游观后园，共上高楼，饮宴之间，令人抽去楼梯，然后对他说：『今日上不至天，下不至地，言出子口，入于吾耳，可以言未？』诸葛亮感其一再诚恳求教，遂告以『重耳在外而安』之策。刘琦便求父派他去江夏任太守，得免灾祸。

此计在军事上，是一种诱敌就范、聚而歼之的计谋。其使用既可对己，亦可对敌，目的都是为了克敌制胜。对己，是将自己部队置于有进无退、有敌无我的绝境，激励将士一往无前，同敌人做殊死斗争。

秦楚巨鹿之战，项羽面对强大的秦军，在自己部队渡过漳河后，下令凿沉渡船，砸破锅甑，烧毁营房，只带三天口粮，用以表示只有誓死作战，才能绝处逢生的决心。楚军一到前线，立刻包围秦军，截断其粮草供应。战斗中，无不以一当十，勇往直前，一场恶战，打得秦军落花流水。『破釜沉舟』的成语典故即出自于此。对敌，则是《吴子·料敌》中说的：『必先示之以利而引去之，士贪于得而离其将，乘乖猎散，设伏投机，其将可取。』也就是诱敌深入，『请君入瓮』，通过实施包围、迂回、背后进攻和切断退路等使其覆灭的计谋。这方面的战例甚属多见。

在《三国演义》中，张飞嗜酒成性，逢酒必饮，每饮必醉，醉后常出事端，此其一大弱点。徐州失守，就是因他酒醉未醒，吕布乘机杀进城来所致。然而，随着张飞在战争中锻炼日趋成熟后，他的弱点却变成了麻痹诱惑敌人的招数。张飞在岩渠山智取张郃就是一例。张飞在巴西一带战败张郃，乘胜追至岩渠山下。张郃却据山守寨，一连五十余日，坚持不出交战，张飞无可奈何。于是，他就在山前扎寨，每饮酒『大醉』后坐在山前辱骂张郃。刘备得知，大惊，急告孔明。孔明不以为意，反派魏延送好酒三车，车插『军前公用美酒』的大旗。张飞得酒更加嗜饮无度，将美酒置帐前，『令军士大开旗鼓而饮』。山上张郃见此情景难按杀敌心情，率兵夜袭蜀营。当张郃冲进大寨，见『张飞』端坐帐中，举枪便刺，方发觉是个草人。结果，张飞与伏兵尽出，张郃被打得大败，曹军的岩渠寨、蒙头寨、荡石寨全被张飞夺得。

凡用『上屋抽梯』之计，须先『置梯』或『示之以梯』，诱其入套。《百战奇略·利战》：『凡与敌战，其将愚而不知变，可诱之以利，彼贪利而不知害，可设伏以击之，其军必败。语曰：利而诱之。』《孙子·虚实篇》：『能使敌人自至者，利之也。』诱敌之法并无定式，可以多种多样，但其根本在于依据对手特点和战场实际，因势利导，引敌就范。

公元前700年，楚伐绞（小国，今湖北省郧县西北），两军相持于绞都南门。根据绞用兵轻躁少谋，有人建议楚王，以『无捍卫采樵者诱之』。楚王依计，第一天上山砍柴，让绞军捕走樵夫30名。次日绞军都争捕楚军樵夫。楚预伏阻击部队于北门外，并在山中也设埋伏。待绞军进入伏击圈，顿时伏兵四起，大败绞军，迫使绞国订立投降条约，俯首称臣。

『神机妙算』的诸葛亮，在三国争鼎中，更是『置梯』诱敌的顶尖高手。如他初出茅庐烧的『两把火』：先是在博望坡一带采取伏兵计，用火攻将曹军大将夏侯惇、于禁等打得大败。接着，又率军主动撤出新野，布下『口袋』，再次用更猛烈的火攻，把进犯新野的曹兵烧得焦头烂额。更为精彩的是诸葛亮创造性地运用『退避三舍』的谋略，竟使老谋深算的司马懿也中了圈套。司马懿在武都、阴平之战中连败两阵，便采取坚守策略，一任蜀兵天天骂阵，魏军紧闭寨门，半月不出，企图以此疲惫蜀军，创周亚夫坚壁昌邑式的战绩。但道高一尺，魔高一丈。孔明思得一计，传令各营拔寨退兵。司马懿得知后说：『孔明必有大谋，不可轻动。』又告诉张郃说：『彼见吾连日不战，故作此计引诱。可令人远远哨之。』军士探明，回报说：『孔明退兵30里下寨。』司马懿说：『吾料孔明果不走。且坚守营寨不可轻进。』住了旬日，绝无音信，并不见蜀将向魏挑战。再令人哨探，回报说蜀兵已起营去了。司马懿闻报未信，曾亲自易服混在军中，果见蜀兵又退30里。司马懿对张郃说：『此乃孔明之计也，不可追赶。』待10日后，蜀军复退30里下寨。这时，张郃认为孔明是缓兵之计，力主追击，而司马懿尚怕『孔明诡计多端，倘有差失，丧我军锐气』。张郃坚决请战，说：『某去若败，甘当军令。』司马懿终于经不住接二连三的诱惑而动摇起来，于是决定追击。为『谨慎』起见，便分兵两路：张郃先行，他『随后接应』。不料诸葛亮以多路伏兵围歼运动之敌，又以两路奇兵直袭曹营。结果使狡猾的敌手司马懿首尾难顾，还是败在足智多谋的诸葛亮手下。

在近代、现代战争中，运用『上屋抽梯』之计的亦不少见。

1841年，平英团在广州三元里北牛栏岗以大刀长矛痛击有洋枪洋炮的英国侵略军；1939年，我抗日部队将侵华日军坐镇张家口的『蒙疆驻屯军』最高司令阿部规秀中将率领执行『扫荡任务』的主力部队900余名予以歼灭。这位『名将之花』也未能幸免，一命呜呼了！

『上屋抽梯』与日常工作和生活

第二次世界大战期间，法国反间谍机关收审了一个自称是比利时北部的农民流浪汉的人。从他的言谈举止和眼神看来，法国反间谍军官吉姆斯认定他为德国纳粹间谍，可是无确切的证据。

审讯开始后，吉姆斯提问：『会数数吗？』流浪汉用法语流利地数数，并未露出破绽，即使在说德语的人最容易说错的地方，他也能说得极为熟练正确，于是将其押回小屋。

少顷，有人在屋外燃起火，哨兵用德语大声喊：『着火了！』流浪汉仍无动于衷，仿佛听不懂德语，照样睡觉。此后，吉姆斯又找一位农民，和流浪汉谈论起种庄稼的事。他所谈的颇不外行。

次日，流浪汉在被押进审讯室进行审讯之时显得更加沉着冷静。而吉姆斯此时似乎正在非常认真地审阅一份文件，待他阅后在上面签上字，突然抬起头来说：『好啦！我满意了，你可以走了！』流浪汉立刻高兴得像放下沉重包袱似的，昂着头打算离开此危险之地。

忽然他发现法国军官吉姆斯脸上正露出胜利者的笑容。他顿时醒悟过来，原来吉姆斯在说上面这些话时用的是德语。不言而喻，而他却听懂了，他的真实身份由此暴露无遗，只有等待最后的判决。

1945年8月下旬某日，晋察冀军区聂荣臻司令员率领军区机关跳出冈村宁次精心设计的包围圈，赶到阜平以北三十里的雷堡村时，突然遭到敌人飞机的轰炸。与此同时，侦察员发现四面都是敌人。聂司令员冷静地思索，认为这次穿插是在非常秘密的情况下进行的，敌人飞机为何跟踪得如此及时准确？这时，司令部嘀嗒嘀嗒的电台呼叫声，使他顿时醒悟，敌人可能熟悉我电台呼号，通过测定我电台之方位，准确地找到了我军的位置。顺着这一思路，聂司令员决定将计就计，变害为利。

于是，他吩咐侦察科长罗文坊率一支由50人组成的小分队，带着一部电台到雷堡东边的台峪，仍然用军区的呼号，像煞有介事地不断呼叫。果然，冈村宁次受骗上当，一面派飞机轰炸台峪，一面组织各路敌军以进攻作战队形向台峪逼近。三天之后，敌人在北平的广播电台吹嘘：『聂荣臻总部的电台已被英武的皇军炸毁了。』

就在敌得意忘形之时，聂司令员正带着军区机关，在离敌人不到一里之处，悄悄地从敌人眼皮底下秘密迅速地向西转移。这支近万人的队伍，终于再一次从敌人的所谓『铁壁合围』中跳出。待冈村宁次事后得知，垂头哀叹：『肃清八路军非短期所能奏效。』

此计妙用于诱捕刑事犯罪分子。明朝，山东某县城有一民妇回娘家，行至城外旷野，被城里跟踪而来的樵夫强奸，并掠走其首饰。民妇返城向县令哭诉。县令心生一计，当即派十多名捕役分散在城内各街巷，大声吆喝：『今天早上，有个樵夫进山砍柴被老虎吃了，他身长五尺，黑圆脸，身穿蓝布衫，头包白毛巾，不知谁家的？……』樵夫之妻听到大哭起来。捕役便隐藏在她家附近。傍晚，樵夫回家，捕役从他身上搜出民妇的首饰，县令即命人将他关进监牢。若非县令巧施『上屋抽梯』之计，这个强奸案犯哪能如此迅速地被抓到呢！

『上屋抽梯』与政治

隋朝末年，隋炀帝荒淫残暴，穷兵黩武，激起了人民的义愤，纷纷起而造反。在战乱风起云涌的时候，李世民感到隋朝的统治岌岌可危，势难持久。以为这亦正是成就大功大业之时。但仅凭自己的力量难以达到目的，必须策动父亲唐国公李渊起兵反隋，才可望大事有成。后经多次劝说，李渊不但不同意，甚至要将李世民抓起来交官府治罪。李世民无奈，便和当时任太原令的心腹刘文静商量，设计逼迫李渊造反。

刘文静好友裴寂时任晋阳宫副监，负责管理隋炀帝的离宫。刘文静把李世民策划起兵反隋之事告诉裴寂，裴寂故意遣派离宫的宫女侍候李渊。按当时的法律，这乃是大逆不道之罪。这给李渊思想上造成很大压力。一天，裴寂佯装喝醉告诉李渊，公子李世民准备谋反之事，李渊大惊失色。李世民乘机从旁劝解道：『事已至此，父亲如果不起兵，皇帝决不会轻饶。不如起兵自保，借机夺取天下。』这时，李渊觉得再无别的道路可走，只好决定起兵。

李世民使用的正是『上屋抽梯』、断其退路的计谋，使其父处于有进无退的境地，被迫起事，终成帝业，实现了自己的愿望。

『上屋抽梯』与商战

在商业竞争中，可以采取用小利引对方上钩，步步诱导，最后断其后路，逼其就范；或采取产品试用出售方法，待试用者感觉良好离不开时，再提高价格，等等。

在20世纪初，美商美鹰洋行是国际丝商中的权威，在同业竞争中手段毒辣。一次，华商虎林公司卖给他们2000包柞蚕丝，是抛的『空头』。美鹰公司掌握了这一情况，成交后便使出『上屋抽梯』的伎俩，故意『置梯』捣乱，他们分头向各丝栈散布与虎林公司成交的消息，使许多丝栈纷纷派人到虎林兜生意。这时虎林如果出手买进，就会立刻引起丝价上涨，而虎林与美鹰约定的交货日期很紧，不得延期，势必高价进货，造成亏损。后来虎林及时采取应变措施，从外地进货，打通了不少关节，如期向美鹰交货，这才转危为安，免被洋商挤垮。

第二十九计 树上开花

『树上开花』是巧借其他因素以壮声势，迷惑、震慑敌人的一种计谋。也就是用诈术制造假象，使敌人真假难辨，在惊慌疑惑中上当挨打。像本来无花之树，可以用彩色绸子剪成花朵，装点在树上，使人难分真假一样。这就是借局布阵，增势生威的妙用。

在敌强我弱的不利情势下，为摆脱困境，全军避害或迷惑敌人，乘机进击，可用此计。

东汉明帝永平十六年（公元73）七月，北匈奴大举入侵云中郡（今内蒙古自治区托克托县），太守廉范（赵国名将廉颇的后裔）率领全郡军民坚决抵抗。廉范深知，战场形势敌强我弱，援兵又难救『近火』，决定以智克敌。一天傍晚，他令士兵每人将两支火炬扎成十字形，三端点火，一端用手高举，军营中顿时像落下满天星斗。敌人从远处见汉军火炬星罗棋布，大为震惊，误认为援兵已到，形势于己不利，还是『走为上策』，准备次日清晨撤退。廉范判断敌人已经上当，于是半夜命令部队吃饭。次日拂晓，他亲领兵士英勇出击，斩敌数百。匈奴军遭此突然袭击，便慌忙逃窜，自相践踏又死了千余人。从此，匈奴人再不敢入侵云中了。

东汉安帝元年（公元114），羌骑数千进犯武都郡（今甘肃省成县西），太守虞诩率兵迎战，队伍到陈仓、崤谷一带便停止前进。虞诩故意宣称因上书求援，待援兵到后再进发。羌人闻讯，便分散各县抢掠民间财物。虞诩趁此时机，挥师昼夜兼程进军，日行百余里。并下令士卒各造二灶，每过一日增灶一倍。羌人因此再也不敢逼近。有人问：『孙膑减灶而君增之；兵法日行不过三十里，以戒不虞，而今日且二百里，何也？』虞诩答道：『虏众多，吾兵少。徐行则易为所及，速进则彼不测。虏见吾灶日增，必谓郡来迎。众多行速，必惮追我。孙膑见弱，吾今示强，势有所不同故也。』可以看出，虞诩之所以能使强敌惮追，就是运用『树上开花』之计，以待援、增灶、急行军等来制造声势，迷惑慑服敌人，终于在敌强我弱的情况下，赢得了战争的主动权。

战国时齐将田单以火牛阵大破燕军，其『借局布势，力小势大』更为典型。公元前279年，燕国大军围齐即墨城（今山东省平度市）。齐将田单带领城内军民英勇抗战。他一面施计使燕君撤换燕将乐毅，一面诱使敌将骑劫上当受骗麻痹大意。同时，暗中积极备战，收集城内1000余头牛，给牛群身画巨龙，衣以锦绣，头角缚利刃，尾部束苇、浇油；再挑精壮士兵5000名待命。准备停当后，一天夜里，田单下令出击，挖开城墙数十处，点燃牛尾，1000余头『火牛』顿时怒吼狂奔，直冲敌营；5000名精兵随后掩杀，城上老弱拼命敲打铜器。一时，火光四起声震天地。只见无数火龙，东奔西突，所向披靡。燕军侥幸活着的，已是魂飞天外，溃不成军。田单挥师乘胜追击，大败燕军，杀死敌统帅骑劫。以此为转机，齐国各地百姓揭竿响应，军民团结，势如破竹，一鼓作气收复70余城。

《三国演义》中的一些将领，不仅在战略上，而且在战术上，由于妙用『借局布势』之计，常收异乎寻常的效果。孔明从曹操手中夺回汉中，主要是利用曹操『为人多疑』，虚张声势。赵子龙的『空营计』、诸葛亮的『空城计』，无不与设疑造声势紧密相连。张飞在『当阳桥前一声吼，吼断了桥梁水倒流』而吓退追兵，若非他事先令左右在桥东树林中，砍下树枝，拴在马尾，在林中往返奔驰，尘土飞扬，造成设有伏兵之势，只靠他一声大吼，曹操的大队追兵是吼不退的。

俄军统帅库图佐夫也曾运用此计布下『迷魂阵』，『不战而屈人之兵』（《孙子·谋攻篇》语）。1812年，拿破仑远征俄国，在马洛拉维茨城郊，企图强迫俄军在不利条件下进行决战。当时两军对垒，鼓角相闻。夜间，双方营内都燃起堆堆篝火，以防对方突然袭击。久经沙场的老将库图佐夫将军，他令所有部队多燃篝火，以迷惑法军。拿破仑见俄军阵地遍布篝火，误以为俄国援兵已到，便放弃了决战的企图，不战而退。俄军乘虚而进，发动了猛烈的反击，赢得了胜利。

『树上开花』与日常工作和生活

公元534年，北魏朝廷内部大乱，丞相高欢想篡夺政权，关西大都督宇文泰则维护朝政，双方发生争斗。秦州刺史侯莫陈悦投靠高欢，被宇文泰击败身死，其同党豳州刺史孙定儿仍拥兵抗拒。

机敏过人的都督刘亮奉宇文泰之命攻打孙定儿，只带了20多名骑兵，飞速到达孙定儿驻扎的城外，先在离城不远的高地上，树起一面大旗，然后带着人马闯入城中。

此时，孙定儿正设置酒宴，见刘亮忽然来到，大为惊异，不知所措，刘亮趁众人慌乱之际，挥刀杀死孙定儿，随后，他胸有成竹地站在孙定儿的士兵面前，用手指着城外大旗，命令同来的两名骑兵说：『快去招呼大军进城。』孙定儿的部下见到大旗，真以为旗下有大军屯集，又鉴于主将已成刀下鬼，纷纷缴械投降，无一人敢动。就这样，刘亮使用『树上开花』之计，降服了敌军几万。

清康熙年间，西藏达哇、兰占巴等人叛乱，皇上任命十四子允禵为大将军，噶尔弼为副将军，率领岳钟琪等前往讨伐。

岳钟琪率军到达察木多，探知准噶尔的使者在此地，正诱使各部落首领派人严守三巴桥，企图阻止清军的前进。三巴桥易守难攻，地理位置十分重要，是进藏第一险要之地。如果此地有数军断桥而守，清军很难通行。而岳钟琪足智多谋，挑选30个会藏语的士兵，穿藏人的衣服，飞快赶到落藩宗，擒住准噶尔的5名使者。各部落首领得知使者被擒，均吓得面如土色，若不是神兵降临，岂能飞过天险三巴桥？于是皆主动前来投降，进军道路由此畅通。

『树上开花』与政治

三国时，吴将吕蒙乘蜀将关羽北攻樊城之机，白衣渡江，偷袭公安、江陵这两个荆州重镇，全部俘获了关羽及其将士的家属。吕蒙不但一个未杀，反而立刻进行安抚和慰问，并下令士兵不许骚扰人民和勒索财物，有违者立斩不赦。此外，吕蒙还经常接触人民，对老者问寒问暖，对有病者治病发药，对饥寒者发衣给粮。

关羽在回军途中曾几次派人探听消息，吕蒙每次都用厚礼接待，并允许其在城内自由活动，了解情况。

结果，关羽所派的人回去后传播了吴国优待蜀军家属的消息，使蜀军将士斗志全无，关羽最后败走麦城，为吴军所擒杀。

隋炀帝北巡到雁门。突厥始毕可汗得知，发兵将其围住，雁门守将急忙调集各路军队，前来解围。李世民当时才16岁，在屯卫军将云定兴军中。他向云定兴献计：『始毕可汗之所以出兵围攻天子，一定认为我们仓促之间不能前往救援。我们白天可让士兵举着旗帜，排成几十里的长蛇形；晚上则击鼓敲钲，遥相呼应。如此，始毕可汗误以为我大部救兵已到，不用攻击他便会遁去，从而解除雁门之围。』云定兴见他言之有理，当即采纳。果然，突厥真以为隋援军已到，赶紧撤兵，雁门之围遂解。

『树上开花』与商战

《孙子·势篇》中说：『善战者，求之于势。』现代企业家在激烈的市场竞争中，倘能善于『借局布势』，先声夺人，造成具有强大吸引力之势，其效果定然可观。产品的适销对路，物美价廉，经久耐用，加上良好的销售服务，这是每个企业家应当坚持不懈的正确方向。但只靠这个，在当今瞬息万变、竞争激烈的市场上，特别是买方市场上，还抱着『店有喜人货，不用多吆喝』那一套旧生意经，很显然是不够的，在这种情况下，加强销售宣传工作就非常必要了。

在我国近代、现代企业发展史上，不少企业家十分重视销售宣传。他们为提高企业和产品的知名度，积极运用各种广告形式加以宣传，收到了可喜的效果。如1935年上海的『老介福』绸布店迁入新楼开业时，为扩大影响，在店内遍洒香水，并免费给参观者供应茶水，给购货者送化妆品。不久，该店承接了两家大旅馆的窗帘、床单、沙发罩、台布等订货。为此他们认真研究，精心准备，采用高级丝织面料，设计了别具一格的各种图案。交货后，旅馆老板非常满意，不仅获得了厚利，而且引起旅馆房客的极大注意，纷纷询问生产厂家。从此，『老介福』的声誉不胫而走，有口皆碑，遍传中外，连卓别林这位赫赫有名的电影大师也向该店订了货。

内蒙古自治区化德县羊绒絮片服装厂的焦维厂长，有着从困苦到开心的经历。1986年初，他拿着厂里生产的羊绒絮片到北京百货大楼，好说歹说，商店只同意代销一下，可是一上柜台，顾客却不光顾，老焦心如火燎，愁眉难展。恰好这时有位热心的顾客对他说：『你们的产品本来不错，就是宣传不够。』他这一句话，使老焦豁然开朗，他立即请人设计了说明书，印好后亲自到百货大楼门口散发，还真灵，买羊绒絮片的顾客越来越多，销路终于被打开了。焦厂长再接再厉，又把羊绒絮片做成防寒服，在百货大楼和西单商场租柜销售，『照方抓药』，很快他的柜台被顾客挤得水泄不通，有一次竟把柜台的玻璃挤坏，日销售额从2000元增加到2万元，厂里加班赶制，还是供不应求。

曾被称为『点子大王』的何阳，从金华乘火车到杭州，挤进硬座车厢。与乘客聊天时，有一位浙江塑料厂的推销员，举着本厂生产的一次性塑料杯子，说生产有很长时间了，销路平淡，厂长命令推销员兵分四路，不推销完不许回来。何阳接过杯子仔细观察，觉得工艺很好，成本仅几分钱，于是举着进车站买的时刻表，说：『我给你出主意：别在这上印那么没用的画，就把这张时刻表印上，再加上沿线地图、沿线各站站名及列车开出到达时刻，然后在火车上卖。全国有近百次列车，如法炮制，还愁卖不出去吗！零售价每个一角，比买时刻表还便宜呢！』这位推销员一拍大腿，说：『啊！你真是神了！』与何阳互道姓名、地址后，便打道回府，向领导建议照何阳所说的『树上开花』之『创新』招数办，果然，制造出的一次性塑料杯子大为畅销。火车上的乘客既可用于喝水，又可了解沿途站名、何时到达什么车站，都觉得十分方便有用，因此火车上的乘客都乐于购买。

埃德温·兰德发明可立即取出照片的瞬时显像照相机，称为『立拍得』照相机。因人们习惯于旧有的用底片翻印的相机，这样『立拍得』相机的优点暂时不为人们所了解。要想打开新产品的销路，按常规做法：一是展开声势浩大的广告攻势，但需要大量的广告费用，兰德感到自己无此财力；二是挨门挨户推销，但他又觉得无此精力。

埃德温·兰德急中生智，携带产品到全国各大城市，选择声誉最好的百货公司进行宣传演示，答应给予他们『立拍得』照相机的专卖权。各城市的百货公司，都认为埃德温·兰德的相机非常新颖、别致，只要做好宣传广告，肯定能打开销路，所以纷纷不惜重金做广告，以便独得专卖权获得更大的收益。一时全国形成了宣传『立拍得』照相机的浪潮，订货单如雪片飞来。这样，埃德温·兰德运用引友杀敌不自出力的『借刀杀人』之计，未花一分钱的广告费，却打开了全国的市场，发了一笔大财。兰德凭借盟友的人力和财力，逐处开花，达到推销自己产品的目的，正是他运用了『树上开花』策略的结果。

销售宣传的形式多种多样，如广告、橱窗、产品包装等等。有的企业还利用企业的信封、明信片进行宣传，也收到好的效果。还有这样一个『树上开花』的实例，对我们也颇有启迪。

1982年夏季，上海市第一百货公司新进一批玻璃刻花酒具，六只高脚酒杯一套，造型美，质量也好，上柜台后却是『门前冷落车马稀』，顾客很少赏光，每天只能卖出两三套。后来，几个青年售货员想了一个办法：在酒杯中盛满清水，再把红墨水加进几滴。这一来，白色透明的酒具就一变而晶莹动人，大有『葡萄美酒夜光杯』之感，人见人爱，因此引来许多顾客，日销售量猛增到三四十套。

至于一些『现身说法』的推销宣传，五光十色，更具魅力。像茅台酒在巴拿马的博览会上展销，由于酒瓶的装潢不出色，喝上一点点酒又难于品尝出美味，因此无人问津。推销员在心急之中，故意失手打碎酒瓶，使整瓶酒溅散四溢，满室酒香，顿时，满座惊讶，不约而同叫道：『好酒！好酒！』从此，一举招来了各方顾客，堪称推销宣传的千古绝唱。

但是，在销售宣传上使用『树上开花』，一定要注意真实性，不能欺骗。『宣传虚夸，等于自杀。』肆意吹牛、言而无信、隐恶扬善、沽名钓誉的一些做法，即使一时得逞，但终究好景不长，到头来只能是搬起石头砸自己的脚，使企业声誉扫地。

第三十计 反客为主

『反客为主』，原意为主人不善待客，反受客人之招待，比喻化被动为主动。《十一家注孙子·虚实篇》：『张预曰：我先举兵，则我为客，彼为主；为客则食不足，为主则饱有余，若夺其蓄积，掠其田野，因粮于彼，馆谷于敌，则我反饱，彼反饥矣，则是变客为主也。』另见《三国演义》第七十一回：『渊（夏侯渊）恃勇少谋。可激励士卒，拔寨前进，步步为营，诱渊来战而擒之：此乃反客为主之法。』它在军事上是一种由弱变强，由被动变为主动，争取战争主动权的战略。

在军事上，一般以深入敌国作战为『客』，在本地防御为『主』。『主』军有利条件多，如地理、民情熟悉，地势好，防御阵地较坚固等；『客』军一方，劳师远征，人地两疏，给养困难，易陷入困境。因此，古代兵家根据历史经验提出，在不利条件下，可变攻为守，诱敌来攻，由于主客易位，可以化不利为有利，乘机歼敌，以实现作战目的，此即『反客为主』的战略思想。

《三国演义》中，蜀军夺取定军山就是施以这种『反客为主』之计。在作战初期，蜀军由于地形生疏，情况不熟悉，曾一度失利，攻打定军山的牙将陈式，被魏军守将夏侯渊生擒。这时，监军法正向黄忠献策说，夏侯渊为人，有勇少谋，骄躁轻敌，可以鼓励士兵拔寨前进，步步为营，引诱他来进攻，就能够抓住他。这叫『反客为主』的计谋。黄忠依计而行，次日便拔寨前进，每宿营只住数日，步步向定军山进逼，果然，夏侯渊沉不住气，准备点兵出战。但富有作战经验的张郃识破此计，便极力劝阻说『不可出战，战则必失』。而夏侯渊一意孤行，派夏侯尚迎战蜀军，果然一战败北被俘。随后黄忠乘胜前进，直逼定军山下。夏侯渊先是坚守不出。黄忠又按照法正观察地形后的建议，乘夜攻占了西面的高山，给魏军以威胁。最后，法正和黄忠已商议好诱敌之策，而夏侯渊却不听张郃『不可出战，只宜坚守』的苦谏，竟分军围山大骂挑战。黄忠先不出战，待曹军倦怠，『多下马坐息』时，鼓角齐鸣，喊声大震，黄忠一马当先，驰下山来，犹如天崩地塌之势。夏侯渊措手不及，黄忠宝刀已落，连头带肩砍为两段。

『反客为主』在战役战斗中运用时，一般是以攻为守，争取先机，乘隙突进，而不是循序渐进。

在魏蜀决战初期，当魏将钟会长驱直入蜀汉腹地之际，蜀将姜维巧妙地摆脱两路敌兵的追击堵截，迅速驰援剑阁，牢牢地把住这一战略要冲，成功地打破了司马昭『西路钳制，东路出击』的战略企图，致使钟会攻难进取，退难持久，由主动转为被动。然而，在正面战场出现僵持不下的情况下，足智多谋的魏军征西将军邓艾，乘姜维一军孤掌难鸣，无法兼顾东西之机，亲自率领轻兵开山辟路，自阴平行无人之地700余里，直捣蜀国『心脏』——成都。结果，使姜维的6万兵马无用武之地，西蜀政权终告覆亡。邓艾的阴平渡险的成功，说明当两军相持时，设法避开敌人的防御主力，迅速地向其纵深的『要害』部位插刀，是从根本上扭转战局、争取主动、克敌制胜的良策。

第二次世界大战初期，法西斯德国军队气势汹汹地攻到离莫斯科只有30公里时，苏军朱可夫元帅，根据敌人战线过长、后续脱接、如强弩之末已无突击能力的弱点，决定乘敌之隙以攻为守，立即组织部队从侧翼突施反击。由于这一行动大出敌人的意料，一举重挫了德军，扭转了战局。

『反客为主』与日常工作和生活

清朝的法律，是以『万恶淫为首，百行孝为先』为立法基础。所以，凡犯不孝之罪必凌迟处死。有一人受后妻唆使，欲害死前妻之子，便向衙门告其子不孝之罪。其子将被处死，感到冤枉，不得已求救于一位师爷。师爷授以密计，并写一条子嘱其开审时上呈县太爷。当开审时，县太爷惊堂木一拍，令儿子从实招供。儿子却说：『我身为儿子，不敢与老父对簿公堂，有张申诉字条谨呈太爷过目。』县太爷接过审阅后，反将其父责骂一番，当堂把儿子释放。究竟这字条上写着什么呢？其实字条上仅三句话：『父有卫宣之心，妻有宣姜之貌，为孝子者难矣！』卫宣公是『爬灰』之徒，宣姜很漂亮，为其儿媳，而被其抢去为小老婆。此即暗示，做父亲的行为不端，占有我的妻子，要我怎样孝顺呢？

一位年轻小寡妇要改嫁，其家翁向衙门告她淫奔私逃，不守妇节。小寡妇亦求教于师爷，同样写一字条呈给县太爷，县太爷同样地反把原告斥骂一顿，批准寡妇改嫁。此条写的是：『十六嫁，十七寡，叔长而未娶，家翁五十尚风流，嫁亦乱，不嫁亦乱。』

清末，张之洞任两江总督时，微服私访一昔日同窗，被一并邀请参加松江知府的寿宴。寿宴开始，张之洞毫不客气地自占首席。知府十分恼火，指着桌上一道名菜，出了一联：『鲈鱼四腮，独占松江一府。』自诩『鲈鱼』，暗示他是松江之长。张之洞指着桌上的另一道名菜，说：『螃蟹八足，横行天下九州。』知府闻此大惊，一打听，才知竟是两江总督张之洞，急忙叩头赔罪，恭请上座。

一小偷与两名强盗深夜偷窃，上房翻瓦。两强盗先要小偷入室，搜寻财物，两强盗在屋顶用绳子放下一筐，搜得财物放在筐中，就往上拉，如此拉了三次，获得很多财物。至第四次，小偷想到，这回他们可能会抛弃自己，于是，他把很多值钱的珠宝，装进自己衣兜里，然后躲进柜子里，让两人拉上。果然，两个强盗私语，『这一柜财物足够我们受用了，如小偷上来，必然要分一份；就不拉他了，让他自己去受罪吧。』于是两个人笑哈哈地抬着柜子向前走去，不知小偷躲在柜子里。走了一会儿，两盗感到疲倦，遂在路旁休息。小偷暗暗估算天已发亮，又听到有行人说话，乃在柜子里大声呼救：『有强盗掳人呀！』两盗一听，惊慌失措，又见路人都逐渐围过来，乃拔脚飞遁。小偷于是顶开柜门出来，编出一套被绑经过讲给周围的人听，然后把所有珠宝带走了。

『反客为主』与政治

在战略上运用『反客为主』之计，通常应当循序渐进，有个由量变到质变的过程。即在战略形势不利时，应甘居『客位』，蛰伏待机；有隙可乘，就钻进去，逐步扩大实力；待『羽翼丰满』，通过战略决战，最后变成『主人』。

吴越争霸，勾践之于夫差即用此策略。公元前494年，吴王夫差伐越，勾践战败求和，夫差不听伍子胥忠谏，竟收越为属国，让勾践夫妇在吴宫服劳役。勾践为报仇雪耻，以屈求伸，为夫差驾车饲马，夜宿石室。勾践夫妇忍辱负重，侍夫差如奉父母，三年如一日，从而感动了夫差，要放他们回国。伍子胥竭力反对，认为这不啻放虎归山，后患无穷。吴王依然不听，把他们放回越国。勾践回国后，让文种治国，范蠡整军，自己则食不加肉，衣不重彩，卧薪尝胆。并躬亲农事，与百姓同甘共苦，发愤图强，誓雪国耻。勾践为使夫差疏于朝政，不断奉丝绸、狐皮、优良木材。待其姑苏台建成，又以美女西施、郑旦献吴王。从此，夫差沉溺女色，朝欢暮乐，不理国事。公元前484年，勾践还特选三千精兵助吴攻齐，大败齐师。夫差因其助战有功，将所侵占之越国土地全部归还。勾践经过十年生聚，十年教训，励精图治，又转弱为强。公元前482年，勾践乘夫差于黄池大会诸侯，国内空虚之机，亲自领军，大败吴军，活捉太子友。夫差闻讯赶回，由于远行疲惫，全军斗志尽失，只好向勾践求和。从此，吴国日趋衰落。公元前473年，勾践见时机成熟，便率领大军伐吴，一路势如破竹，直抵吴都。夫差只得出逃，派人求和又遭拒绝，反要将其流放甬东（今浙江省舟山岛）。至此，夫差追悔不及，遂拔剑自刎。越王勾践终于『反客为主』，实现了雪耻称霸之『宏愿』。

三国时，吴国的太史慈年少时在东莱郡任奏曹史。当时，正巧郡里和州（青州）里有矛盾，是非难辨。在这种情况下，谁先向朝廷上奏章，谁就占上风。当时州里的奏章已派人送出，郡里的官员怕自己落在后头，想选得力的使者赶在州里送奏章人的前头，将奏章送到京城。最后选中了太史慈。于是他昼夜兼程赶到洛阳，马上来到专门接待臣民上书的公车衙门，这时州里派出的官员刚到，正在求守门的官吏为自己通报。太史慈问他：『你想通报呈递奏章吗？』州吏说：『是的。』太史慈问：『你的奏章在哪里？题头落款该不会有错吧？』于是就让州吏把奏章拿出来看。州吏不知太史慈是东莱郡的，递上奏章。太史慈拿过奏章就撕掉了。州吏大声嚷叫，拉住太史慈不放。太史慈说：『你要不把奏章给我，我也没有机会把它撕了。是福是祸，咱们共同承受，反正也不能让我独自蒙受罪责。不如咱俩都悄悄离开这儿各自逃走。』太史慈等州吏离开后，把郡里呈送的奏章悄悄地递交上去，顺利地完成了使命。

『反客为主』与商战

此计要求经商者善于变被动为主动，变不利局面为有利局面。其方法就是客方钻空子插足进去，掌握其首脑机关或要害部门，循序渐进，变客为主；或被动一方，抓住时机，变被动为主动，即在形势不利时，要争取时间，扩充实力，通过由量变到质变的过程，变被动为主动。

在国际商贸竞争中，日本『精工』表与瑞士表较量，曾以『循序渐进』的战略，最后打入了广大的欧洲市场。『精工』先是在瑞典找到一家理想的商店作为立足点。在该店强大销售网的支持下，『精工』依靠其价格便宜和质量优良，终于在瑞典打开了销路。随后，又以强大的优势进入希腊，以此作为向瑞士名表长期控制的英、法、德等其他较大的欧洲市场进攻的『桥头堡』。为改变这些市场对『日货低劣』的旧印象，确信『精工』表质量和瑞士名表比毫不逊色，『精工』不惜投下重资，从瑞士钟表制造商手中夺取了在英国、雅典举行的世界业余摔跤锦标赛、第27届巴尔干国家运动会等各项体育比赛制作计时表的荣誉，从而在欧洲消费者心目中，树立起『精工』表计时精确的形象，打入英国市场，并迅速扩展到其他国家，其销售量在10年中从4000块激增至60万块，大有所向无敌之势。

日本的摩托车从国内很少有人问津到在国际市场畅销，也有赖于『反客为主』循序渐进的策略。1969年日本政府决定振兴摩托车工业，曾有人提出求助于摩托车王国——法国，购买其专利、生产流水线及零件，并按其型号生产。日本却没有这样做，而是从全国有关厂家中招聘200名有经验、有研究能力的工程技术人员，兵分12路，用一年多时间，走遍各国有名的摩托车生产厂。每到之处都声称：日本决心发展摩托车工业，一是买大量车，二是请帮我们设计一个工厂。接着便参观现场，详细询问车型和优缺点，并要求买样机，以便回国与其他厂产品比较再签合同。外商都希望与其签订合同，介绍情况时唯恐不详。这12个小组带回了170多部样机，回国后将每种样机做运转试验，解剖分析，并对其零件性能逐个加以分析研究，以博采各家之长。从出国考察到设计、制造出一种轻便耐用、性能优良、物美价廉的新型摩托车，仅用四年就投产了。这种赶超世界先进水平的『拳头』产品，一投放到国际市场，很快销路大开，给法国等一些著名的摩托车厂家带来了很大的威胁。

1916年『南洋』公司对付『英美』公司的一次争夺烟草市场的战役，则是采取『乘隙插足』，以攻为守的策略变被动为主动的。当『英美』公司突然将外埠的『派律』烟统运回沪，企图在『南洋』成立上海分公司时，由每箱250元降至225元抛售。『南洋』得知后，立刻邀集在沪70余家同业共商对策，决定一面将『飞船』烟每箱批发价降至215元与之竞争，一面趁『英美』将『派律』烟集中上海而外埠空虚之机，『南洋』

公司「乘隙插足」，迅速打进外埠市场，「反客为主」，竟使「英美」公司捉襟见肘，顾此失彼，在这场竞争中败北。

第六章 败战计实操运用

第三十一计 美人计

「美人计」早被兵家用作谋攻的策略。《韩非子·内储说下》：「晋献公伐虞、虢，乃遗之屈产之乘，垂棘之璧，女乐二八，以荣其意而乱其政。」《六韬·文伐》中亦有：对直接采取军事行动不能征服之敌，须「养其乱臣以迷之，进美女、淫声以惑之。」这是用美女（或金银珠宝等）诱惑敌人，使其贪图享乐，斗志消沉，内部分裂，以达到战场上达不到的目的。

兵家有云：「攻心为上。」「美人计」就是一种「攻心」之计。「心者，将之所主也。」倘能针对其弱点施计用谋，「则彼之心可夺也」。孙子也说过：「不战而屈人之兵，善之善者也。」「美人计」就是针对敌将在思想、意志和品德上有贪财好色的弱点，投其所好，用美女、财物等「糖衣炮弹」施以攻击，使之性惰意怠，达到夺其心、乱其谋，而后相机取胜的目的。这是一种采取隐蔽手段，用软刀子制服敌人的有效方法。把它列在「败战计」之首，足见其重要地位。

公元前200年冬天，汉高祖刘邦亲率20万大军攻打北方的匈奴。行前，刘邦遣使臣前往匈奴，了解其实力。匈奴冒顿单于则把精锐部队隐藏起来，只让使者见到一些老弱病残的人众。刘邦根据使者报告，认为匈奴战斗力不强，便悍然进击。当部队行至平城（今山西省大同东北）时，遭到匈奴事先埋伏好的40万大军的突然袭击，将刘邦围困在平城以东的白登山上。

刘邦一连被围困7天，身陷绝境，内心十分恐惧。忙与足智多谋的陈平商量。陈平建议施行『美人计』。于是，陈平在军中寻得一位丹青能手，令其赶画一张绝世美人图，送给冒顿单于的阏氏，请求她设法让冒顿解除白登山之围，否则，汉有这样的美女多名献给冒顿。阏氏等陈平离开后醋意大发，心想，冒顿是好色之徒，倘他得到这样的美人之后，哪里还会对她宠爱？于是多方劝说冒顿退兵，白登之围遂解。

在现代战争中，『美人计』一般作为军事目标的一种辅助手段，通常是以色情进行意识形态斗争和直接从事间谍活动，从人们思想上打开缺口，其花样不断翻新，手段更加巧妙。某些国家的间谍机构，还设立培训这种『美人』间谍的专门学校，教给她（他）们如何根据不同对象，使用不同手段来诱引其对手落入所设圈套，为她（他）们搜集、提供所需之物和有价值的情报。这种手段无论强者或弱者均可运用。

1976年，苏联外交部官员菲拉托夫，在驻阿尔及尼亚大使馆做随员时，美国中央情报局利用『美女』引诱，使他堕入陷阱，成了中央情报局的间谍，后来他被调回莫斯科外交部工作，仍继续为美间谍机关提供情报。直至1977年，这个美国中央情报局安插在克里姆林宫的高级间谍，被苏联情报机关克格勃逮捕并以叛国罪处死为止，1年多的时间，这个高级间谍为其新主子搞走了大量情报，给苏联造成了严重损失。

『美人计』与日常工作和生活

公元前660年，晋献公打败骊戎得骊姬。因其美貌温柔立为夫人，生奚齐。骊姬欲废太子申生，立奚齐。

遂设『蜜蜂计』，声言申生要调戏她，以毁其名声。后假称申生母托梦，要太子前去致祭。申生祭母于曲沃（今山西省闻喜县东），归胙（古代祭祀用的肉）于献公。骊姬暗派人置毒于胙中，先以狗食之，狗死，借以诬陷太子欲谋害晋君，逼其自杀。献公死，果由奚齐继立，后被晋卿所杀。重耳（献公子，即晋文公）流亡国外长达19年之久。

《三国演义》中周瑜以孙权之妹为诱饵，企图赚刘备去东吴做人质，讨还荆州，也是使的『美人计』。只是由于被诸葛亮识破，才落得『周郎妙计安天下，赔了夫人又折兵』的结果。

『美人计』与政治

早在我国东周列国之际，运用『美人计』向对方实施政治、军事斗争的已不乏其例。

《论语·微子》记载：『齐人归女乐，季桓子受之，三日不朝。孔子行。』原来，孔子在鲁定公十四年（公元前506）离开鲁国前，在鲁国做司寇的官，参与国政，齐国恐鲁用孔子，强盛起来，于齐国有害，所以用黎钼之计，选了会歌舞的美女80人，良马120匹，送给鲁君。当派遣的使者率齐国的歌女、良马到达鲁国城南门时，孔子下令让守城士兵紧闭城门，不准放齐国一兵一卒进城。齐国歌女便在城外歌舞起来。鲁定公得知后，心痒难熬。季桓子（鲁大夫季孙斯）3次微服往观，感到的确迷人。乃与鲁君商量，借口到各处巡视，实则出城门外，沉醉在歌舞里。终于不顾孔子的规劝，『受之』，并接连3日不过问政事。孔子鉴于鲁君中了齐国的『美人计』，觉得鲁国没有希望，忧心忡忡地离开了鲁国。

周幽王荒淫无度，不理朝政，对待臣下和百姓凶狠残暴。忠臣褒珦进言劝谏，周幽王不听，反而将褒珣监禁三年，还不肯释放。褒珣的家人恨透周幽王，决心要进行报复。

一天，褒家给周幽王送来一人叫褒姒的美人，为褒珣赎罪。周幽王一见褒姒倾国倾城的美貌，顿时乐得神魂颠倒，当即令人将褒珣放出。于是让褒姒陪着他每天玩乐。谁知褒姒是冷若冰霜的美人，进宫后从未有一次笑脸。因而周幽王下诏令：『有谁能使娘娘笑一笑，就赏千金。』这时，虢石父献计说：『您可带娘娘到骊山玩玩，然后点起烽火，招来各路诸侯，那时说不定她会笑的。』周幽王听了，就立刻携褒姒登上骊山。晚上，周幽王命人四处点燃烽火，一时火光冲天，附近的诸侯以为西戎入侵，便赶紧率领兵马前来救援。殊知幽王与娘娘点燃烽火取乐，诸侯大为扫兴，愤愤而归。

褒姒见此情景，觉得十分开心，便轻轻地露出一丝微笑，周幽王见了，感到无比高兴，立刻赏虢石父千金。从此周幽王更视褒姒为掌上明珠，却大大失信于诸侯。

不久，西戎真的前来侵犯，周幽王急忙令人点起烽火，召集各路诸侯前来抵抗。可是，因前次受到戏弄，竟无一人率师前来，周幽王孤独无援，因此战败并被西戎杀死，褒姒也被抢走了。

褒珣使用『美人计』，致使周幽王身败名裂，酿成千古遗恨。

电影《知音》里，袁世凯为了实现他当皇帝的美梦，企图用『美人计』来控制蔡锷，消磨其报国雄心。但因蔡锷矢志不移，小凤仙亦非寻常的风尘女子，很快两人成了知音。蔡锷表面上故作迷恋酒色，无所作为；暗中却寻找出逃机会，终于在小凤仙的掩护下跳出牢笼返回云南，高举讨袁义旗。袁世凯的『美人计』连同做皇帝的美梦也就此彻底破灭了。

瓦努努曾在以色列迪莫纳地下秘密核工厂工作多年。1985年11月因政治原因被开除，单身出走。1986年，他向英国《星期日泰晤士报》出卖以色列秘密生产和储存核武器的情报。以色列当局大为震惊，责成谍报机关『莫萨德』把在伦敦的瓦努努秘密押送回国，但不得触犯英国法律。

一天，瓦努努在伦敦莱斯特广场散步，偶遇一金发碧眼的妙龄女郎向其频送秋波，他不由得上前搭讪。女郎自我介绍名欣蒂哈宁，在美国佛罗里达从事美容工作，到英国旅游。于是两人一见钟情，很快就如胶似漆地相爱。

此时，英国《星期日镜报》登出了瓦努努的消息和照片，瓦努努焦虑不安。欣蒂劝其去罗马，在她姐姐家避难，同时可度蜜月。他欣然同意。他俩双双来到欣蒂姐姐家中，想着愉快地与欣蒂共度『罗马假日』的瓦努努，满心欢喜地进入房间时突然被人打倒，立刻被捆绑着扔到高速驶往以色列的快艇上。

『美人计』与商战

在激烈的国际贸易竞争中，某些企业不择手段地用『美人计』拉关系，挖墙脚，窃取情报，『招财进宝』，借此争生存、求发展的亦非少见。而最普遍的还是在商业上，用『美人』做售货员、服务员、『外事』工作人员以及模特儿等，以此吸引顾客，成交买卖，提高经济效益，使自己『生意兴隆通四海，财源茂盛达三江』。

日本东京银座的闹市区，各商店的老板们，拼命地动脑筋，竞相推出招徕顾客的各种花招，『美人计』就是其重要招数。如有的雇用年轻漂亮的小姐，穿上有商号的服装，带顾客进店光顾；有的在店里举行模特儿的新装展示会及表演大会；三越百货店曾雇了二十位美女，让她们穿上艳丽夺目的古代和服，头发也梳成古代妇女的发型，还抹胭脂，涂口红，打扮得花枝招展，成群结队地漫步在银座街上，有意让人们围观，掀起骚动。然后她们就走向百货店，跨进店里，不久，她们便杳若黄鹤了；甚至还有给店员一律穿浴衣的。这在某些发达国家已经不足为怪了。而在不少的西方国家中，且不用说有出卖『灵与肉』的妓院、『应召女郎』，就连一些『酒吧间』『美容厅』『跑马场』『按摩室』等，多已超出经营范围，实际上也成了色情场所。这种唯利是图，不择手段的『美人计』，和我们中华民族的传统道德大相径庭，也为一班正直商人所不齿。

第三十二计　空城计

『空城计』在《三国志·诸葛亮传》裴松之注引的郭冲『三事』中有此记述。《三国演义》第九十五回『武侯弹琴退孟达』写得更加详细。此计是在敌众我寡的紧要关头，为迷惑敌人，解救燃眉之急，以『虚者虚之』的手段，迫不得已而用之的一种险策。

诸葛亮的『空城计』，在我国民间已是千古流传，妇孺皆知了。《三国演义》中写的是：在马谡街亭失守之后，诸葛亮为挽回不利的作战局面被迫地采取了这一冒险措施。他以一座空城，让『老谋深算』的司马懿产生错觉，以为城内埋伏着强兵猛将，便毅然下令退兵，坐失克敌制胜的良机。其所以如此，主要是因为诸葛亮历来用兵谨慎，足智多谋，司马懿曾多次败在他的手下，心有余悸。诸葛亮则知彼知己，善于审时度势，一反常法而用之，故收奇效。尽管史学界有人考证，《三国演义》中的有关记述，其时间、地点与历史事实不尽相符，但『小说』有别于『史志』，它既『源于生活』，又『高于生活』。在三国这段历史中，确有与『空城计』类似的真实战例：

魏将文聘坚守石阳巧退孙权一战。《魏略》记载：孙权尝自将数万众卒（猝）至。时大雨，城栅崩坏，人民散在田野，未及补治。聘闻权到，不知所施，乃思惟莫若潜默可以疑之。乃敕城中人使不得见，又自卧舍中不起。权果疑之，语其部党曰：『北方以此人忠臣也，故委之以此郡，今我至而不动，此不有密图，必当有外救。』遂不敢攻而去。

赵云对曹操所使用的『空营计』。当黄忠在汉水北山脚被魏军大将张郃、徐晃夹攻，未能按时归来时，赵云急忙率领数十名轻骑兵出营察看，正值曹操带领大军出击，便同曹军前锋接战，敌兵越聚越多，赵云数十骑奋力拼杀，冲出包围，退向自己营地，曹操领兵追赶。赵云回营后，副将张翼欲闭门拒敌。赵云却令大开营门，说：『当年大战长坂坡（故地在湖北省当阳市东北），我单枪匹马，不怕曹操百万大军，现在有兵有将，还怕他什么！』说完，他先派部分士兵埋伏在营内外壕沟中，然后叫士兵放倒军旗停止击鼓，自己单枪匹马挺立在营门外待机行事。黄昏时，曹军赶到。曹操见蜀营内外毫无动静，赵云威风凛凛挺立门前，恐中赵云之计，未敢贸然进攻，旋即挥师后撤。赵云审时度势，把枪一挥，率领伏兵一齐冲杀过去，追击曹军。昏暗中，曹军只听到杀声震天，金鼓齐鸣，摸不清追兵多少，无不惊恐万状，争相逃命，溃不成军，互相践踏，落水淹死者不计其数。在赵云、黄忠合兵掩杀下，张郃弃寨而逃，曹操也丢下粮草，逃往南郑（今陕西省汉中市）。事后刘备亲临军营慰劳，赞扬『赵子龙一身都是胆』，并封为虎威将军。

其实『空城计』早在东周时期，郑国抵御楚国就已见用。公元前666年，楚国以600乘大军北上攻打郑国，直抵郑都近郊，郑国危在旦夕。郑文公召集百官共商对策，众说纷纭，莫衷一是。正当文公左右为难之际，大臣叔詹在认真分析敌情后说：『楚首次以重兵伐郑，意在必胜，其用兵定然谨慎小心，不敢冒险，唯恐失败。故退楚之计，当在其不敢冒险上做文章。』于是，当即陈明如何退敌之计，并被文公采纳。叔詹把军队全埋伏在城内，使楚军不见一兵一卒，不但大开城门，而且『县门不发』。令街上百姓照常来往，表情自然。楚军前队见此『反常』现象，认为必是郑国诡计，担心入城落入圈套，便在城外停下。楚军统帅令尹子元率大军来到，听了前队的报告，并登高眺望，见城内旌旗整肃，甲士林立，秩序井然，依旧疑惑不解，倘贸然进击失利，定难交账，于是决定待弄清情况后，有把握时再战。不料次日，战场形势剧变，齐、鲁、宋援郑大军将与楚军后队接触。楚帅子元害怕腹背受敌，只好下令匆匆撤退。由此可见，郑国所以转危为安，用『县门不发』的心理战，给楚军造成心理上的神秘莫测之感，不敢贸然进城而丧失战机，最后只好不战自退。

公元573年，北齐人祖珽，刚任徐州（今安徽省凤阳县东北）刺史，南陈军队突然大举进犯，形势异常危急。祖珽临危不惧，急中生智，令士兵大开城门。部队都下城静坐在街巷内，全城寂然无声。敌军来到城下，见此情景，疑惑不前。此时，祖珽突令士卒齐声呐喊，声震天地。结果，南陈军不战自乱，纷纷逃去。

唐玄宗时（公元727），吐蕃人进攻瓜州（今甘肃省瓜州县），唐守将战死，张守珪接任瓜州刺史后，城墙尚未修好，敌军又来进攻。正当大家恐慌之际，他说：『敌众我寡，不能硬抗，退敌须以智取。』于是，也来了个类似诸葛亮的『空城计』，令人在城上摆好酒席，找乐工吹打弹唱，自己和将士们饮酒作乐，并大开城门。吐蕃人见了，疑有伏兵，便撤兵而去。

此计不仅用于防守，在敌众我寡的遭遇战中，巧于运用，使敌难辨虚实，能收『奇而复奇』之效。

西汉飞将军李广，率百骑巡逻，突与数千匈奴骑兵遭遇。在李将军的机智沉着应付下，匈奴骑兵不明虚实就里，始终未敢贸然进攻，到夜幕下垂时，敌骑恐中埋伏，反匆忙撤走，从而化险为夷。

公元140年5月，金军以兀术为统帅，兵分四路，大举南犯。前此由于宋高宗赵构根本未做临战准备，金兵一到，中原、陕西守土之臣，望风崩溃，或者不战而降。近一月内，中原和陕西地区几乎全部丧失。高宗以孟庾为东京（汴梁）留守，刘锜为副留守。5月12日，兀术入东京，孟庾以城降。

5月15日，刘锜率军到达顺昌（今安徽省阜阳）。第三天，刘锜得到报告，金之骑兵已进至距顺昌仅300里的陈州（今河南省淮阳）。面对着如此严重的情况，刘锜仍然镇定自若。5月27日，金兵3万余人进至顺昌城下，29日开始围攻顺昌。刘锜为迷惑敌人，巧施『空城计』，下令大开四门。金军疑有伏兵，不敢贸然前进，只是在远处放箭。刘锜则指挥士卒用破敌弓、神臂弓和强弩射击敌兵。金兵稍向后退。刘锜又以步兵追击。晚上，宋军继续出击，激战持续到30日早晨，斩获无数。终于挫败金兵的围攻，大获全胜。

公元219年，曹操率军自长安出斜谷，直逼汉中。刘备凭险固守，不与交锋。一天，赵云率数十骑出营侦察，恰与曹操大军狭路相逢。赵云当机立断，率领轻骑主动攻打曹操，且战且退。曹操追至赵云营前，赵云明知自己兵少力弱寡不敌众，却故意令士兵大开营门，偃旗息鼓。曹操疑有伏兵，随即撤军。

从上述战例可以看出，运用『空城计』，既需要智慧，更需要胆略。智慧来源于知彼知己，特别是要在了解对手的心理的基础上，审时度势，改常法为变法，使之『疑中生疑』，方收『奇而复奇』之效。此计属于生死攸关、成败所系的险策，只有冒最大的风险，才能获得最大的成功。这就需要指挥员能『泰山崩于前而色不变』，沉着冷静，临危不惧，『一身是胆』，尤其在『弄险』的过程中，不能有任何疏漏和『惊慌』『沮丧』的蛛丝马迹。否则，再高的智慧也要铸成全盘皆输的悲惨结局。

『空城计』与日常工作和生活

齐国张丑被送到燕国当人质。不久齐、燕交恶，燕王打算将张丑杀害。张丑乘机逃出燕都，不幸在边境被捕。

张丑对境吏说：『燕王之所以要杀我，是因为有人向他告密，说我拥有很多财宝。其实我并没有财宝。但是燕王不相信。现在我被你们捉住，把我交给燕王，我会说所有的财宝都被你独吞了。为此，你一定会被燕王杀害，你也活不成。』

境吏受到恐吓，便将张丑释放。张丑就这样用『空城计』平安无事地逃回齐国。

『空城计』与政治

公元727年，突厥人进攻瓜州（今甘肃省瓜州县）。守将王君战死，张守珪被派做瓜州刺史。他到任后，立即组织百姓修筑城墙，以抵御敌人的进攻。可是未等到把城墙筑好，突厥人又突然来攻，情况十分危急，众人惊慌失措。张守珪急中生智，对众人说：『敌众我寡，不能用利箭、礌石硬抗，必须用计谋退兵。』于是命令众人在城楼下摆好宴席，乐工吹打弹奏，自己和将士饮酒作乐，好不热闹，吐蕃人见状，疑心城中有埋伏，遂撤兵而去。

公元前666年，南方霸主楚国，派出六百乘战车的庞大队伍北上攻打郑国，轻而易举地闯进了郑国都城近郊的桔秩之门，郑国危在旦夕。

郑国面对大敌临门，身为国君的郑文公召集文武大臣商量应急措施。众大臣议论纷纷，争论不休，但谁也想不出好办法。这时，坐在角落里一直沉默不语的叔詹说：楚国自从进行兼并战争以来，第一次使用600乘战车的强大兵力，说明楚国是怀着必胜的信心前来的，所以他也就最担心、最害怕失利。这就决定了楚军必然是处处谨慎小心，稳扎、稳打，不敢冒风险。因此，我们可以利用楚军这种心理大做文章。郑文公见叔詹胸有成竹，便让他按自己的计策行事。叔詹于是一面派人向齐、鲁、宋三国求援，一面亲自在城内安排布置。他把军队埋伏在城内，使楚军看不到一兵一卒，不仅将城门打开，还让街市上的百姓来往如常，丝毫不流露出害怕的样子，使郑国都城的秩序与平时没有两样。

叔詹部署就绪，楚军先头部队便已推进到逵市。先锋斗御疆一马冲到城门下，举目一看，城门大开，城中百姓从容不迫，城上悄无声息。斗御疆认为其中必有诡计，便在城外等候统帅令尹子元。子元到后也捉摸不定郑军的葫芦里究竟装的是什么药。这时有人向他报告说：齐、鲁、宋援郑的大军就要到了。子元害怕腹背受敌，便连夜率军匆匆撤退。

『空城计』与商战

在商业竞争中，运用『空城计』关键在于有意显示自己的实力不足，或者隐瞒自己强大的实力，使多疑的竞争对手或者顾客造成错觉，有利于经营。比如，通过限制销售而有意识地使自己的产品在市场上保持供不应求的局面，以此刺激消费者需求，扩大市场。或者产品滞销，却有意造成脱销假象，诱发消费者购买欲，从而获胜得利。

1982年是美国钢铁工业严重衰退的一年，其产量比上年减少40%以上。美国七大钢铁公司这一年总亏损约16亿美元。正当一些钢厂相继宣布倒闭的时刻，在芝加哥发迹的谭仲英就买下其中有4000多工人面临失业的麦克罗斯钢厂。谭仲英于1964年建立起自己的第一家钢材公司后，接二连三地买下了许多破产的公司，使其事业得到了迅速发展。到1981年，他在美国的大小企业已达20多个。他的生活之路就是在『葬礼』时买公司，在『婚礼』时卖出公司。很多人对他花重金买下沉疴难起的工厂，感到高深莫测，难于理解。也有人称之为『喜欢冒险的赌博』。由于他埋头工作，拒不接受新闻界的采访，人们对他了解很少。但不管怎样，谭仲英就是以此种『冒险』的方式，从一名推销员发展到资产超过10亿美元的企业家。这不能不说是他的胆略和智慧的代价吧。他的『冒险』的背后一定有深谋远虑和细心的筹划安排。

日本的角荣建设公司董事长田式美也是一位赤手空拳闯天下的企业家。他曾专心思考『没资金赚大钱』的生意，经过一段时间终于想出一套『预约销售』的方法。这也具有『虚者虚之』『奇而复奇』的性质。这办法很简单。如有人要卖某处山坡的地上物时，他就找买主，同他接洽：『那座山上的木材约值100万日元以上，主人现有意80万日元脱手。请你买下它，保证两个月内可赚一成。超出一成利润时，超出部分由我得，如赚不到一成时，我赔你一成的利润。』等买好之后，角田便代其销售，他往往以相当于买价两倍左右的价脱手。对买主来说，两个月就有一成利润，比银行存款利息高得多，而且安全可靠。这个办法，只要你有信用，有人替你担保，你只要有诚意，肯跑腿，收获定然大有可观。角田做这项不要本钱的生意确实有一套。他本来一无所有，经过十年奋斗，已成为日本有名的一次盖几百栋楼的建筑企业家了。

第三十三计　反间计

『反间计』是利用或收买敌方间谍为我所用的一种计策。见《孙子·用间篇》：『反间者，因其敌间而用之，故反间可得而使也。』《长短经·五间》：『陈平以金纵反间于楚军，间范增，楚王疑之，此用反间者也。』杜牧在《十一家注孙子·用间篇》中解释『反间』说：『敌有间来窥我，我必先知之，或厚赂诱之，反为我用；或佯为不觉，示以伪情而纵之，则敌人之间，反为我用也。』

战争中使用间谍，早在我国古代就有了。对于如何使用间谍，《孙子·用间篇》就此做了专题论述，其中讲了五种用间：一是『因间』，故意示伪情于敌方间谍；二是『内间』，收买敌方官吏为间谍；三是『反间』，收买或者利用敌方间谍为我效命；四是『死间』，故意示伪情于敌谍使之上当受挫，敌方往往将其处死；五是『生间』，派来去方便之人到敌方去侦察，返回报告情况。孙子说，这五间俱用，就使敌人摸不到规律，神妙莫测，无法对付。并说：作战必须了解敌情，而了解敌情关键又在于运用反间，所以对『反间』不可不重视。

『反间计』通常有两种用法：一种是收买敌方间谍，为我所用。

东周时期秦赵长平之战，赵军老将廉颇在秦强赵弱的形势下，采取坚壁以待的作战方针与秦军抗衡，使秦军久攻不克，双方相持达三年之久。秦相范雎认为，要打败赵军，须先除赵将廉颇。遂利用赵王与廉颇有隙，派人携千金贿赂赵王身边的大臣，谎称：『廉颇不敢与秦军决战，是因他年老胆怯，且有降秦之意。』『秦军所畏，独畏马服君（赵奢）之子赵括为将耳！』其实秦真害怕的是廉颇，却反说是赵括。赵王听信谗言，对廉颇产生疑惑，不顾蔺相如及赵括之母谏阻，竟任命赵括取代廉颇为将。秦国的『反间计』

就这样得逞了。

齐将田单利用燕惠王做太子时对燕将乐毅不满，收买燕国派来的间谍，散布谣言说：『乐毅同燕惠王有宿怨，怕被其所杀。因此，借攻齐之名，行联合齐军、自立为王之实。现暂缓攻打即墨，是因齐军尚未归顺而等待时机。』并说，齐国人现最担心燕国另换大将，果然如此，即墨就难保了。燕王对此信以为真，派骑劫接替乐毅职务。这一来，田单除去了战场上的劲敌，为打败燕军、收复国土奠定了基础。

『反间计』的另一种用法，是对敌间『佯作不觉，示以伪情而纵之』。即采取顺水推舟，将计就计的手段，让敌间为我所用。

《宋史·岳飞传》记载：『岳飞奉令去广西岭表招抚曹成，曹不受。岳飞上奏宋帝，说：贼寇力强则肆意横行，力弱方能接受招安。故须先用兵，后劝降。帝准奏。』岳飞在征讨途中，抓获一敌间，绑至帐下。此际，岳飞正升帐议事，有人进帐报告：『军中断粮，如何行动？』岳飞故意说：『暂退到茶陵，等待补给。』随即装作无意看到敌间，流露出泄密后悔之态，跌足入内。其后又故留空隙，让间谍逃脱。岳飞料定间谍回去报告后，曹成必派兵追击，便暗中率军趁黑夜绕过山岭，迂回敌后，突然高呼：『岳家军来了！』并乘势猛攻。敌军惊慌失措，连遭挫败，丢失许多关隘，处境愈加困难，最后不得已接受招安。

在历史上此类例子颇多。如汉朝陈平使用反间计，迫使范增愤然脱离项羽。三国时期，司马懿利用蜀军叛逃的都尉苟安为间谍，使昏君刘禅硬把孔明从前线召回，丧失了四出祁山北伐曹魏的大好时机。唐朝的高仁厚利用邛州叛将阡能的间谍进行反间，仅用六天时间即平息了四川一带的叛乱。

在现代战争中，由于通信技术与联络手段的高度发展，一些大国特别重视用间，建立了庞大的间谍机构，其用间之法也是历史上无法比拟的。随着科技和经济的发展要求，间谍早已不限于刺探军情，经济、科技等方面的情报也成了他们猎取的对象，且手段愈趋多样化。因此，『反间计』也更加丰富多彩。

第二次世界大战期间，英国的海军间谍机关，将捕获来的德国间谍收买培养成『双重间谍』，按英国的意图，专门用假的或没有实际价值的情报，提供给德国情报部门进行欺诈。例如，英情报机关为破坏德军的反潜艇探测战术，利用名叫塔特的『双重间谍』，给德国情报局发回已获知英军有了对付德国反探测的新办法。对此假情报德国信以为真，错误地放弃了这种反潜战术，从而遭受了更多的损失。

『反间计』与日常工作和生活

四川永宁安抚使奢崇明叛乱，布政使朱燮元率兵抵抗。在成都地方破了叛军所研制的吕公车，大败奢崇明的军队。奢崇明不甘心，于是派出间谍，要部将罗乾象假意前往投诚，见机破坏。

朱燮元见有人前来投降，知道是对方遣派的间谍。于是将计就计，施行『反间计』。在做周密的部署后，就让罗乾象一同饮酒，罗乾象身带佩刀，朱燮元也不让其摘下，表现出毫无戒心。两人一起饮酒，甚至同床而卧。为此，罗乾象很感动，对朱燮元说一定要以死相报。

如是，罗乾象回营后，贼营的大小举动，朱燮元通过他无不一一事先获得了解。

曹玮任渭州知府时，号令严明，甘肃一带人都为之畏惧。有一天，正召集众位将领饮酒，恰巧有士兵叛变，逃到西夏一边去了。边守飞马前来报告此事，众位将领相顾失色。曹玮谈笑自若，与平时无异，却内心想到『反间计』，从容地对前来报告的人说：『这是我命令去的，但千万不要说出去。』这话却被西夏的人听到，以为叛军是前来偷袭自己的，于是将这伙叛军都一一杀掉。

南宋高宗朝，统制郦琼叛变扣押了兵部尚书吕祉，投降了受金人册封的大齐皇帝刘豫。张魏公浚正在宴请部下，消息传到，满座的人都大惊失色。独张魏公神色不变，仍然高兴地喝酒。直到深夜众部下散去之后，才命人把写好的信用蜡密封后给郦琼送去。信上说：『这件事可以办成，就把它办成功，否则，赶快保全部队回来。』敌人得到这信就对郦琼产生了怀疑，将其所带去的士兵加以改编，并对他加以严密监视。由于张魏公施用这种反间手段，边境得以安定。

『反间计』与政治

五代十国时期，南唐后主李煜畏惧当时后周能征善战的大将赵匡胤，便向后周皇帝柴荣施用『离间计』，派使者给赵匡胤送信，并赠送白银3000两。赵匡胤知道来意不善，于是便把3000两白银全部上交周朝的国库，『离间计』遂未得逞。

明末宁远之役，明朝大将袁崇焕大败13万八旗兵，重创努尔哈赤，使其在败归时丧命。此后不久，这位良将功臣却被崇祯帝处以死刑。

袁崇焕乃明朝镇守北疆名将。由于能攻善守，胆识过人，八旗屡屡攻关不破，故皇太极继承汗位后，极力避开袁崇焕，取道蒙古，绕到河北背后，直取北京。不料袁崇焕又迅速回兵保卫北京，余得皇太极的兵马受阻，皇太极绝望之中心生一计：派出奸细在明朝一牧马厂散布『袁巡抚里应外合，引狼入室』的谣言。姓杨的小太监听到后迅速密报崇祯。崇祯信以为真，遂定袁崇焕『资敌通敌，欺君误国』之罪处以磔刑，甚至将其兄弟、妻子流放3000里。

袁崇焕被杀，为八旗兵除掉一劲敌，皇太极闻知暗喜，认为明王朝覆灭为期不远矣！

『反间计』与商战

在经济斗争中，此计可利用不忠于自己的下属为自己服务，利用其短处、缺点，折射出自己领导策略上的缺点和不足，以提高自己的领导水平；此外，是利用『敌』间，了解竞争对手的情况，以便自己对经营做出决策。

1936年，『面粉大王』鲜伯良经营的重庆复兴面粉公司曾与当地粮商有过一次较大的交锋。时逢四川干旱，粮商囤积居奇，重庆粮价高涨，影响了复兴厂的原料收购。而此时汉口粮价仍然平稳，由汉口运粮至重庆出售，虽难于获利，但不至于亏本。鲜伯良便施展『醉翁之意不在酒』的手段，在汉口买面粉3000包赶运至重庆出售；一面将向汉口福新厂订购10万包面粉的假合同一份寄重庆，视作『密件』保存，但又让其负责在重庆收购粮食的厚生商行经理粟玉泉有窃见之机。鲜所以对粟不明白相告，是既防他在紧要关头与粮商联合起来对付自己，同时又使自己的助手都不知是假合同而信以为真，对于实现鲜的全部计划更为有利。果然粟玉泉中了『蒋干盗书』之计，将此消息外泄，粮商只眼见汉口面粉不断运来，而不见复兴厂在市场采购原料，也就确信不疑，争相脱手，面粉价格从而直趋下落，复兴厂便乘机购进小麦1.4万石，战果相当可观。

当代，某些外国企业集团，利用现代科学技术，其『反间』活动更是五花八门，手段亦狡猾阴险。如美国国际商用机器公司在对付日本日立、三菱两公司时窃取其最新技术，就是巧用『反间计』，『佯为不觉』，虚虚实实，设饵诱敌，终于使日立在这次『电脑战』中败下阵来。此外，『反间计』并非都是用诡秘的手段暗中进行，也有在公开的微笑外交中巧妙进行的。如有些日本企业负责人，其接待外商、外公司人员时，和美国一般经理的拒而不见或敷衍塞责的『待客』风格迥然两样，通常都是殷勤相待，谈笑风生，热情备至。其如此『好客』的目的，在于使对方感到亲切、热诚，犹如故交，从而放松『戒备』，在谈笑之间便巧妙地套取走所需的情报。其策略是：你摸我的底你摸不着，我摸你的底你不知道。这种寓攻于守、『顺理成章』的高超手法，确实堪称妙用『反间计』了。

第三十四计　苦肉计

『苦肉计』是用自我伤害的反常手段，骗取敌方信任，掩盖真实意图，以利克敌制胜的一种计谋。这种自我伤害和损失，以不妨碍达到既定目标为原则，是以小的、局部的牺牲，换取更大的胜利。

『人不自害』乃人之常情，也是人们分析和判断事物的通常习惯。『苦肉计』就是利用这个一般人的常情和习惯而反常行事，使敌方难于一下识破意图，甚而深信不疑，以至于吃大亏上大当。

『周瑜打黄盖，一个愿打，一个愿挨。』这个在群众中广为流传的口头语，是《三国演义》中『赤壁之战』的一个重要情节——说的是东吴大将黄盖，为破曹军，向大都督周瑜献『苦肉计』，自己甘受『皮开肉绽』之苦，假意降曹，火烧战船，为『赤壁之战』的重大胜利立下了汗马功劳。其实『苦肉计』早在赤壁之战前七八百年的东周列国时期就已见运用了。

春秋时，郑武公为给攻打胡国做好准备，先将其女嫁给胡国的国君，使两国成了『至爱亲朋』；随后又将主张攻打胡国的大夫关其思杀了，使胡国对郑武公的『友好』态度深为感动。于是，胡国认为郑国和自己『友好亲近』，从思想到行动对郑国已没有丝毫的防范了。郑武公见时机成熟，便出兵向胡国发动突然袭击。胡国由于被郑国的『苦肉计』所迷惑，完全丧失警惕，早已『刀枪入库，马放南山』，自然猝不及防，迅即为郑所灭。

运用此计，必须假戏真演，更要演得真切，既要障敌眼目，又要不为己方无关之人所识破。如周瑜、黄盖之『苦肉计』，除被才智过人的诸葛亮看穿，不仅瞒过了东吴诸将，甚至连周瑜的亲密助手鲁肃也不知是计。反之，倘瞒不过众人，很容易被识破，『苦肉计』也就只能落得个『赔了夫人又折兵』的结果，连『老本』也要丢了。

『苦肉计』常与『反间计』配合使用。在现代的间谍战中亦时有所见。

1980年《航海》第五期登载：1978年，苏联克格勃企图攫取希腊女船王克里斯蒂娜具有战略性的家产，包括10亿美元、500万吨的输油船队，尤其是地中海北端有战略价值的斯科皮奥斯岛，便派出叫考佐夫的克格勃成员，通过『冒死』救克里斯蒂娜免遭『车祸』，以其身受重伤来获取她的感恩之情。当考佐夫伤愈出院后，就被邀请到她家疗养。经过一段『爱情』戏剧之后，两人还『喜结良缘』。其实，考佐夫的『舍己救人』，完全是克格勃一手导演的『苦肉计』，目的在于使克里斯蒂娜落入他们设下的『恩爱』陷阱之中，获得这份『战略性』的巨大资产。

当今世界，特别是那些霸权主义者，为了侵略、颠覆、掠夺和竞争的需要，常以『苦肉计』的形式，派遣间谍、特务打入对方内部，进行各种阴谋活动。这就要求我们能像诸葛亮那样明察秋毫，以防止敌人钻我们的空子。

『苦肉计』与日常工作和生活

白居易《新丰折臂翁》诗中所讲述的故事就说明了『苦肉计』的妙用。老翁在60年前『偷将大石捶折臂，一肢虽废一身全。至今风雨阴寒夜，直至天明痛不眠。痛不眠，终不悔，且喜老身今犹在』，就是行『苦肉计』避免兵役，为要苟全性命于乱世，断臂又何足为苦？

楚国春申君的发妻名甲，一侍妾名余，两人交恶，互相打骂，如同老虎和牛。妾余得春申君宠爱，因而恃宠生骄，时常在丈夫面前毁谤发妻。

有次，她自己抓伤身体，哭泣着对丈夫说：『我得侍奉夫子，实三生有幸，可是夫人不容，屡次辱骂欺凌，今天更变本加厉，动手打我。你看我身上的抓痕，痛楚难忍。如此下去，终有一天我会被她害死，不如现在死在你面前了此一生！』接着，装出撞壁姿势，春申君将其拉住，并以美言安慰，答应免去发妻夫人的称号。

侍妾余仍然心有未甘，因为甲的儿子还是春申君的继承人。为了彻底篡权，更进一步想将其母子置之死地。于是，她把自己的衣服撕坏，向丈夫哭诉：『看来，委实我在这里无法活了。刚才那个疯婆又唆使她的儿子，先以语言调戏我，继而扯破我的衣裳，想侮辱我，幸亏我跑得快，否则……她这样随时对我暗算，试问我避到何时……』

春申君听后，竟信以为真，勃然大怒，下令将其发妻和儿子杀害。立即将侍妾立为夫人。

北宋庆历年间，种世衡率军驻守清涧城。一次，种世衡为员番将的小错误发怒，对之施以杖背的重刑。其下属多愤愤不平，一致向种世衡求情，但终于未能得到种世衡的谅解。这番将受刑之后，就逃到西夏。赵元昊对他十分信任，准其自由出入西夏王朝的枢密院。一年后，这位番将了解相当多的军事机密，又悄悄地溜回种世衡的身边。这时，人们才知道种世衡使用的是『苦肉计』。

一位家庭主妇在农贸市场向一位农民打扮、老实忠厚、不善言谈的中年汉子，买西红柿。摊主报价为一元钱三个，家庭主妇凭着三寸不烂之舌把价压到三角钱一个。家庭主妇选了两个西红柿，装到篮子里。在付钱的时候，她突然说自己的钱包忘在家里，并像煞有介事地在身上所有衣服口袋里搜索一阵子，好容易凑成五角五分钱，送到摊主的面前说：『实在对不起，我只有这么多了！不然我回家再给您取一趟吧。』中年汉子急忙说：『算了吧！反正都是自家出的东西，拿走吧！』家庭主妇放下钱，挎上篮子，到不远的摊上又买了黄瓜、茄子之类。中年汉子见了，摇摇头，露出一丝苦笑。

在此暂不评论家庭主妇品质如何，她却成功地使用了『苦肉计』，在她无法同摊主继续讨价的时候，便装作没带足钱以此获得摊主的同情，最终达到降价的目的。

『苦肉计』与政治

《东周列国志》第七十四回所述要离杀庆忌的故事，则更是典型的『苦肉计』了。要离是吴国的一位民间武士——『剑客』，由伍子胥推荐给吴王，被派往卫国刺杀亡命他乡、准备伐吴夺位的公子庆忌。要离为了取得庆忌的信任，施用『苦肉计』，甘愿让吴王借追查流言蜚语，砍了他的右臂，把他和他的妻子投入监牢。然后故意放松监禁，使其越狱逃亡，于是又杀其妻子。要离到卫国后，逢人便大骂吴王是无道昏君，并求见庆忌，声泪俱下地倾诉其悲惨遭遇，要求为他报断臂杀妻之仇。庆忌开始还将信将疑，当见到要离果失右臂，又派人探知其妻被吴王焚弃于市的真信后，遂坦然不疑，视要离为亲信，从此主仆形影不离。三个月后，庆忌率兵乘船向吴国进发，要离持矛侍立其身后，行至中途，要离猛刺庆忌后背，短矛穿胸而过。庆忌就这样丧生于『苦肉计』下。此后，如宋代的『王佐断臂降金』的故事等都是流传甚广的『苦肉计』。

唐高宗时，王皇后萧妃同当时身为昭仪的武则天争宠。永徽四年，武则天生下皇子，备受高宗喜爱，因而身价百倍，有了册封皇后的野心。这时尽管高宗很喜欢武则天，却并无废黜王皇后的打算。永徽五年，武则天又生一女儿，更受高宗的喜欢。为扫除自己册封皇后的障碍，她精心策划了一场阴谋。

一天，王皇后单独前来看望武则天所生的女儿，武则天故意躲藏起来。王皇后见小公主睡在床上，却不见武则天，很快就离开了。王皇后刚走，武则天从内室走出，咬着牙用双手掐死自己的亲生女儿，再用被子盖好，若无其事地离开了。正巧高宗来看小公主，武则天亲自打开被盖，发现小公主眼球突出，面色青紫，已气绝身死，顿时哭得死去活来。高宗大怒，进行追查，大家都说王皇后刚才来过。于是，王皇后有口难辩，再加上武则天添油加醋，王皇后终于被废。

武则天就是利用人们相信自己不会掐死亲生女儿的心理特点，采用『苦肉计』自我伤害，借此嫁祸于人，达到爬上皇后宝座的目的。

『苦肉计』与商战

『自我伤害』，除包括伤害自己的身体，也包括『伤害』自己的财物或其他与己相关的利益。这种『自我伤害』以取信于人的手段，在企业经营管理中也非少见。

20世纪初，我国有名的大买办，人称『赤脚财神』的虞洽卿，对生意经非常精通，且工于『逢迎之术』。一次有位清朝大员到上海采办军装，此人故示清高，据说不肯和洋行买办面谈生意。事为虞洽卿所闻，他乘此大员外出时，故意叫自己的马车撞坏了大员的马车。于是，他像煞有介事地匆忙下车道歉，并将自己的新马车送与大员作为赔偿，因此，取得了这位大员的信任。从而做成了这笔巨额交易，获得了一大笔佣金。这种商业『权术』，也是『苦肉计』的一种运用。

丹华火柴厂『自毁产品』。该厂是丹华公司（1918年由丹儿与华昌两公司合并而成）的重要企业。其火柴商标在市场上颇有信誉，因为其火柴的质量规格始终如一。一遇产品质量出现问题，厂内发现，即时烧毁；厂外发现，派人查明，如责任在厂方，便把原货烧毁，赔人损失。在第一次世界大战期间，由于原材料缺乏，该厂曾使用精制土硝（KNO3）制造火柴，起初质量还不错。后将货发到绥远（今内蒙古自治区的一部分），经过夏季，发现有的火柴划不着火。丹华厂急派人查实，将几十箱火柴当众烧毁，给经销商换新货，补偿杂费。另一次，因火柴用胶货源困难，改用胶粉，发火很好，但经夏天，有的代销点也发现类似问题，该厂照样烧毁赔偿。因此，该厂虽不断公开自毁产品，但其销量与日俱增，信誉反而不断提高。

日本东京横山町有名的岛村大楼业主，岛村产业公司及丸芳物产公司董事长岛村芳雄，就是以他首创的另一形式的『苦肉计』踏上成功之路的。岛村初到东京一家包装材料厂当店员，薪金很低，时常囊空如洗。

下班后，他唯一的乐趣是逛大街，欣赏人们的服装和所提的东西。一天，他在街上漫步时注意到无论是年轻的小姐还是半老的妇人，除自己的皮包，还提着一个买东西时商店给装商品的纸袋。他想将来纸袋会风行一时，做纸袋绳索生意一定不错。于是经过3个月的努力，跑了69次银行，终于感动了『上帝』，银行贷给他100万日币做本钱。他深知，条件比人差，只有用自己创造的『原价销售法』才能在激烈的商战中立足。

岛村的这个销法后来相当有名，方法却很简单。首先，他到麻产地冈山的麻绳商场以0.5元一条大量买进，然后按原价卖给东京一带的纸袋工厂。完全无利地经营了1年后，『岛村的绳索确实便宜』的名声远播，各地的订货单雪片似的源源而来。于是他开始采取行动。他拿购货收据找订货客户说：『到现在为止，我是1角钱也没有赚你们的。但是让我这样继续为你们服务，我只有破产这条路了。』交涉结果，客户被他的诚实做法所感动，甘愿把交货价提到0.55元。随后，岛村又找冈山麻绳索厂商洽：说明过去都是照原价卖给别人，因此才有这多订货。如果继续这样做，我只有关门倒闭了。厂商一看他开给客户的收据，十分吃惊，这样不赚钱做生意的还是第一次遇到。于是，一口答应他一条只算0.45元钱。如此一来，以当时每天1000万条交货量算，利润就是100万日元。创业两年后，他就名满全国了，把店名由凡芳商会改为公司。创业13年后，他的日交货量至少5000万条。由于现在袋子的绳索原料日益讲究，每条卖价在5元左右，利润就更加可观了。

岛村芳雄的成功，除有先见之明，巧用『苦肉计』，推行吃亏的『原价销售法』也是一个重要的因素。由于这样，他并不花一文宣传费，顾客却有口皆碑，广为传扬，从而使他买卖兴隆，利达三江。

国际驰名的中国海尔集团，原是一家生产电冰箱的工厂，很不景气。现任董事长张瑞敏受命于危难之际，发现售出的电冰箱，客户反映存在质量差的问题。他在盛怒之余，经过冷静思考，为了教育职工，同时取信于消费者，决定从仓库存货中，取出经检查不合格的产品，只要稍有纰漏，一律摆放在现场，谁负责的工序不合格，就由谁执大锤当着全厂员工的面加以砸毁。其损失之大，的确令人痛心。员工面对这种场面，既内疚难堪，又受到巨大震慑。这其实也是『苦肉计』的运用。自此，工厂生产面貌大为改观，同时，企业的信誉也日益提高。据说，张瑞敏对《孙子兵法》和老子哲学有深刻理解，加之以灵活运用到现代生产技术、科学管理、变中取胜，组织领导工作，才处处居于主动地位。

第三十五计　连环计

『连环计』，是给强敌甩『包袱』，制造障碍，『使其自累』，以削弱他的力量，夺取战役和战斗的胜利的一种谋略。通常有两种理解：一种见《兵法圆机·先》：『大凡用计者，非一计之可孤行，必有数计以襄之也。……故善用兵者，行计务实施，运巧必防损……此策阻而彼策生，一端制而数端起，前未行而后复具，百计迭出，算无遗策。虽智将强敌，可立制也。』这就是说，把连续运用两个以上计策的称为『连环计』。

另一种则是取意于『使其自累，以杀其势』，认为凡是前后运用两种计谋，前计在于使敌『自累』，自相钳制，以削弱其战斗力，从而改变战场形势；后计则是在前计基础上，对敌人实施攻击，消灭其有生力量，夺取全局性的胜利。由此看来，后一种理解，更符合此计的内容实质。

在运用『连环计』时，关键是抓住敌人的弱点，首先要令其『自累』，削弱其战斗力，这样才能转变战局，克敌制胜。

《三国演义》描写的赤壁之战中，庞统诈降曹营，巧献『连环计』，怂恿曹操将大小战船分别用铁环扣紧，上铺木板，连成整体，名为解决北方人不惯水战怕船颠簸的困难，实则是使之行动不灵，自相钳制，削弱其战斗力，便于火攻；同时又用『苦肉计』派黄盖『暗投曹营』，为火攻做好准备。等到万事俱备，东风一起，便『火烧赤壁』。这样从巧锁战船、黄盖诈降到火烧赤壁，数计连用，构成了累敌、惑敌、歼敌的一个完整的谋略链条，终于使『舳舻千里，旌旗蔽空』、号称83万的曹操大军，几乎全部葬身于熊熊烈火和滚滚波涛之中；使『酾酒临江，横槊赋诗』、一世之雄的曹操，遭到空前的惨败。幸而他见势不妙，带着些残兵败将取小道逃窜，才没有丧命，留下了曹仁、张辽、夏侯惇等守住南郡、合肥、襄阳等地，自回许昌去了。

《三国演义》中王允智献貂蝉，既是『美人计』，更是『连环计』，这从第八回的标题『王司徒巧使连环计，董太师大闹凤仪亭』点得非常明确。王允利用美女貂蝉，同时将其给了吕布和董卓，实际上是给自己的对手一个『包袱』，使他们互相钳制，互相猜忌，离间其义父子间的关系，甚而反亲为仇，互相残杀，不但削弱了对手的力量，最终还借吕布之手，杀掉了董卓，达到剪除政敌取而代之的目的。

『连环计』的运用方法多是『以迂为直』。看来，这是敌方『将多兵众，不可以敌』，即敌强我弱的特点所决定的。

《历代名将用兵方略》记载：宋朝时，金兵大举入侵，毕再遇和强敌作战中，常常用计引诱金兵出战。他总是忽进忽退，再三设法拖住敌人。他采用游击战术，时东时西，忽前忽后，出没无常，使之疲于奔命，得不到必要的休息。等到夜幕降落，天色昏暗之际，他把预先用香料浸煮过的黑豆遍撒在阵地上，又挥兵前往敌营前面挑战，战不数合，就假装败退，引诱敌人『乘胜』追击。当敌军追到预设的阵地时，金兵的战马已经疲乏和饥饿。骤然闻到地上黑豆散发出来香味，喜不自胜，莫不自行停步，埋头抢吃，任你如何鞭打，也不肯往前走动，照吃不误。毕再遇抓住这一有利战机，集中兵力向敌军猛烈反击，从而大获全胜。

『连环计』与日常工作和生活

武则天在登上皇帝宝座之前，为了消灭异己，除掉潜在威胁，便诏令天下：『任何人都可以直接到京城见皇帝，告发贪官污吏。凡告发属实，则授予官职，若不属实，亦不追究。』果然告密者蜂拥而至，其中有效忠皇帝的，有为求得一官半职的，有借机报仇的……一时举发案件如山，武则天便选拔狡诈残忍视人命如草芥的人处理案件，把天下搞得腥风血雨，人人自危。武则天则借机扫荡异己，因而顺利地当上女皇。由于告密不实和酷吏肆虐，使得天下很不安宁。武则天为了安抚民心，稳定政局，又下令限制告密，并利用酷吏之间互相罗织罪名的办法，将他们一一除掉。

武则天借酷吏之手扫荡异己，继而借酷吏之头缓和危机。这里连用两计，并且是两计环环相扣，这就是连环计中的『机巧贵连』。同时，武则天利用互相告密以达到互相钳制、互相削弱的目的，又为『使敌自累』的计谋。另外，她无论是借用酷吏之手，还是借用酷吏之头，均属于『借刀杀人』之计。所以，总的说来，武则天所用乃是『连环计』中两计扣用更套用『借刀杀人』之计，虽然高明，却甚狠毒。

『连环计』与政治

『连环计』也有人用来整治小偷。汉宣帝（刘询）时，张敞出任京畿地区（今西安市西北）行政长官，当时长安小偷颇多。张敞一到职，便轻装简从，走访了一些地方父老，了解到小偷中有数名头领，生活颇为富裕，张敞召见了他们，让他们协助官府缉拿小偷以立功自赎，赦免了他们罪行，并补为小吏。他们回家即办酒席，小偷们都来祝贺。酒酣，小偷头领暗地里用红土染在这些小偷的衣襟上。此时，吏卒在里巷大门口察看，凡是衣襟染红的就予以逮捕，这天就捕到数百人。由于张敞将『擒贼擒王』和『借刀杀人』之计连环使用，只此一举就消除了长安市的小偷之患。

第二次世界大战前，英法两国为欧洲最强的国家。法国在非洲拥有众多殖民地，实际上成为欧洲地区的非洲帝国，其野心是希望独霸欧、非两洲。英国殖民地散布全球，其政治目的是永远保持均势。而德国希特勒鉴于英、法两国目标不同，认为要有所作为，必先拆散英、法两国联盟。如要削弱法国，就应拉拢英国。因此他一面高歌和平，一面秘密重整军备；同时，英国有意投德之好，建议『平等军备』，法国却强烈反对。到萨尔区人民投票重返德国之后，希特勒乘机宣布：不向法国做领土要求，即暗示不索回阿尔萨斯和洛林两割地，引诱法国同意『平等军备』。此时英、法两国已开始貌合神离，希特勒再借口法国与苏联结盟，突然进军占领非军事地区莱茵河，使法国外交陷于彷徨境地，在得不到英国的军事支持的情况下，只可诉诸大而无当的『国联』，最后不了了之。英、法矛盾日益加深，希特勒再支持西班牙佛朗哥发动兵变，怂恿意大利墨索里尼进占非洲的埃塞俄比亚，而他却又乘意军南进机会，把奥地利从意国手里夺过来。几年之间，从一个孤立国家进而成为轴心盟主，公然向全世界挑战。希特勒制造矛盾、利用矛盾取得成功，确是近代历史上巧妙地使用『连环计』的典型。

『连环计』与商战

在企业的经营管理中，带有『以迂为直』特点的『连环计』，每一计都要体现铺垫作用，暂时的做法是为实现以后的长远目标做准备的。

抗战胜利前，在国内外都有分支机构的宝元通百货公司，为加强经济实力，调动职工的积极性，采取了不少措施。在生活福利上，免费供给职工衣着和日常生活用品（如牙膏牙刷等）。见习生升为店员两年后，其家属可住入公司宿舍，家属伙食只收费1/4，其父母、子女及18岁以下未就业的弟、妹等都可享受此种待遇；职工本人免费供给医药，对残废、死亡的有补助及抚恤办法，还修了职工公墓，等等。宝元通还允许职工入股，条件是在公司工作两年以上，连续两年考绩为乙等以上。职工都期望公司发展壮大，因而将自己所分的全部或大部红利交公司以取得股东资格。入股后，不少人还继续出钱增加股本。由于这样，公司的经济实力加强了，职工的积极性较前提高，公司的基础更加巩固。尤其是大家同在一条船上，公司的兴衰和职工的自身利益紧密相连，所以职工也都希望事业发达，从而使资方的后顾之忧大为减少，不须花大力气来对付劳资纠纷。此外，公司还力求人事公开，加强考核，奖罚分明。这些，就是使该公司兴旺发达的一个原因。

日本东京的美乐餐厅老板还采用了一种新奇的赠送礼品吸引顾客的经营花招。他把一张张卡片分别寄给『经过挑选』的顾客。顾客从卡片中看到：自己是『千百人中挑选出的幸运儿』，现在有要事等自己去办。

『请拿这卡片到新宿歌舞伎町美乐餐厅，向一位穿泳装的美丽小姐换取一件礼物。您的工作她将亲自告诉您。她还会送给您一张兑奖券』，『第一号可领取一部彩电（三个月有效）』。于是不少人在好奇心的驱使和礼物及奖券的引诱下，便前往看个究竟。果然，该餐厅一位美丽的泳装女郎给了顾客玻璃杯、五色铅笔等小礼品交换走卡片。小姐接着告诉顾客：『您的工作就是坐下来吃点东西。』在这种情况下，而且周围的人们都正在小酌或大饮，持卡片前来的人自然也得坐下吃点或喝点什么的了。据该餐厅老板说：自采用这种活动后，每天拿卡片来的顾客约200人，人均消费日币2000元。卡片是由半工半读的学生投入家庭邮箱的。餐厅用这项『战术』，经常高朋满座，已进入全东京的大餐厅行列。

第三十六计　走为上

『走为上』，语出《南齐书·王敬则传》：『檀公（指檀道济）三十六策，走是上计。汝父子唯应急走耳。』古代兵家对此多有论述。《孙子·虚实篇》：『退而不可进者，速而不可及也。』《吴子·应变篇》：『不胜速走……退还务速。』《百战奇略·退略》论述更为具体：『凡与敌战，若敌众我寡，地形不利，力不可争，当急退以避之，可以全军。』『走为上』原意是说，事情已到了无可奈何的地步，除了走别无上策。在军事上，则为在敌强我弱的情况下，主动退却，保存实力，伺机破敌的一种谋略。

『走为上』，并非说『走』是三十六计中最高明的『上乘』计策，而是说当自己处于劣势，力战必败的情况下，『走』是最好的办法。所谓『走』，就是有计划地主动退却，做战略转移，保存有生力量，为将来『东山再起』留下宝贵的『资本』。俗话说『留得青山在，不愁无柴烧』，就是这个道理。在通常情况下，形势于我不利，要避免与敌决战，出路只有三条：投降、媾和及退却。前两条不是彻底的失败，就是一半失败，而退却尚有转败为胜的机会。三者权衡，的确还是『走为上』。

宋将毕再遇抗金受挫，由于敌我众寡悬殊，考虑到如果同敌人硬拼必遭惨重损失，为此决定『全军避敌』，主动退却，便在一个晚上偷偷地把全军撤走。为了让敌人不易发觉，除将旗帜留在原有阵地上，还布置了一个『悬羊擂鼓』的迷阵，因此，直到几天后才被敌人发觉。所以，在确定了『走』之后，还得考虑如何走法，毕再遇这样走，可以说是个善于『走』的最佳战例。

『走』，有计划地主动退却，非但不是消极逃跑，而且具有积极意义。敌强我弱不应力敌，而通过『走』，常常可以『分敌』『疲敌』，创造战机『破敌』。如捻军以弱胜强，大败清军，击毙自恃勇猛、不可一世的科尔沁亲王僧格林沁，就是在一场大范围、长时期的『运动战』中，用巧妙的『走』以调动、牵制、疲惫和迷惑敌人，待到时机成熟，便来一个漂亮的歼灭伏击战，把僧格林沁连同他的精锐骑兵一举消灭在高楼寨的柳林之中。

《三国演义》中的诸葛亮，可以说是历史上并不多见的撤退艺术大师了。他六出祁山，每次撤退各具特色，不落旧套，常常在撤退中变被动为主动，大量地消灭敌人。书中所述虽然有艺术加工，但都来源于生活的真实。诸葛亮曾说：『欲思其利，必虑其害，欲思其成，必虑其败。』并且提出了『善败者不亡』的至理名言。这些具有辩证法的军事思想，对于指导现代战争、经济工作和其他方面也仍然可资借鉴。

退却，『走』，说来容易做则难。难就难在它既有思想因素，也有实际问题。因此，一要有勇气，不怕蒙受损失，不怕丢掉面子；要从大局着眼，胸怀广阔。二要有智慧。何时走，怎样走，走向哪里，其中确实大有学问。这就需要指挥员调动一切智慧，做到深思熟虑，计划周密，井然有序，退中有进。退与进，相辅相成。古往今来，许多军事家采取以退为进的策略，创造了不少辉煌战绩。

在我国抗日战争胜利后，面对国民党军队的全面进攻，我军的策略以退为进的『走』，就是一个光辉的范例。解放战争一开始，国民党百万大军向我解放区大举进攻，在敌强我弱的情况下，我军采取退让一步的做法，故意放弃了一些地方。最初，许多人没有看清这着棋的厉害，国民党的军事将领也自以为得计。毛泽东则指出：『暂时放弃若干地方若干城市，是为了取得胜利。』战争的发展果然如此，我们以有限的地域，给敌人背上分散兵力的包袱，为我军『各个击破』创造了条件。而且我军可以乘势集中兵力，实行内线中的外线，『大踏步地后退，大踏步地前进』。我军经过大量削弱敌人后，乘敌主力深入，后方空虚，政治危机严重的有利时机，在内线作战，吸引敌人，收复失地的同时，抽出部分兵力主动挺进敌后，迫使其仓皇回援，由主动转为被动防御。随着形势发展，我们及时发动『三大战役』的战略大决战，开拓了战略反攻的新局面，终于赢得了解放战争的全面胜利。

『走为上』与日常工作和生活

《斯巴达克》书中记载：沦为斗牛士的斯巴达克，在一场惊险的团体角斗中，同伴们都倒下了，而对方还剩三个人。如果一对一地斗技，斯巴达克分别战败他们是有把握的。可是，在三个强敌合击下，他寡不敌众，必败无疑，此时，斯巴达克急中生智，瞅着有空子便摆脱对方，拔腿就跑，三个对手紧追不舍。因为奔跑速度和体力各不相同，斯巴达克自是略高一筹，而三个对手之间，却逐渐拉大了差距。突然，斯巴达克转身战斗，迅雷不及掩耳地一击，打倒了追在最前面的对手。对另外两人也『照方抓药』，不久，全被他打倒了。很明显，斯巴达克在危急关头能够转败为胜，主要是他及时地调整策略，以退为进，用『走』的办法，把这一场一对三的劣势战局，改变成一对一的优势战局，然后分而治之，达到各个击破以少胜多的目的。

『走为上』与政治

宋代陈瓘曾主持考试。为避免权臣蔡卞陷害和维护史学，曾巧用『走为上』计。蔡卞素与陈瓘有积怨，在录取前借机放风：『听说陈瓘想全录取搞史学的而罢黜通晓经书的人，他的目的在于败坏国家之事，从而动摇王安石的学说。』企图以此诬陷陈瓘并禁绝史学。于是，就等在陈瓘所录取的名单上吹毛求疵了。谁知陈瓘已识破蔡卞的阴谋，在录取时，前五名都取谈经之士及王安石学派之人，但五名之后，取的都是博学通古的史学人才。蔡卞对此无计可施。事后陈瓘说：『我当时如不退让，矛盾势必激化，对方将加害于我，而史学也将被废弃了。』陈瓘以退为进，确是聪明之举。

公元215年，曹操进攻汉中。在强大的军事压力之下，张鲁被迫投降曹操。曹操便留下张郃、夏侯渊两员大将驻守在汉中险要隘口，自统大军向江南而去。后来刘备出兵夺取汉中，曹操又回兵，与刘备军相持在阳平关。公元219年正月黄忠大败曹军，斩夏侯渊于定军山。曹操得到消息十分气愤，亲自统率大军驰救，在阳平关受到刘备的阻击。曹操本打算速战速决，夺回汉中。但没想到被刘备死死拖住，曹操想到粮草难以接济，如果再相持肯定不利，如果撤退，把汉中之地弃与刘备又委实不甘心。这时，曹操进退维谷，十分焦急，一天，士兵送上一盆鸡汤，曹操夹起汤中的鸡肋，若有所思。这时，部将来请示夜间口令，曹操下意识地将『鸡肋』二字作为口令。面对曹操这种矛盾的心情，杨修劝谏说：『鸡肋食之无味，弃之可惜，但是终究啃不下多少肉来。不如趁早撤退为好。』曹操一时恼羞成怒，杀了杨修。但最后权衡利害，还是知难而退，以『走为上』，于当年五月撤出汉中。

『走为上』与商战

『商场如同战场。』『走』在经济竞争中，同样具有重要的价值。通常经营企业要以需定产，而市场需要却五花八门，且同一市场其对手中往往各具特色，有强有弱。任何企业，即使它规模再大，实力再强，也不可能『通吃天下』，满足市场上的一切需要。要应付形形色色的对手，争取自身的生存与发展，就有个『可进就进，该退则退』的问题，就必须采取选择性的策略。今天成功的商人，无不应用『人无我有，人有我创，人赶我转』的方针，这正是孙子当年用兵『出奇制胜』的计谋。

『兵之形，避实而击虚。』这是《孙子·虚实篇》中的重要论点，意思是用兵作战要避开敌人的坚实之处，攻击它的薄弱环节。『走为上』就是避实就虚，以退求进的策略。就产品而言，避实一是要避市场饱和之实，如企业面对竞相争利的畅销产品，我虽有占领市场的优势，但终有滞销疲软之时，因而不必久占不放，『宜未雨而绸缪』，伺机转移，另辟蹊径。二是避竞争对手长处之实。『敌』之长即我之短，在这种情况下，最好的对策是『打不赢就走』，不能把命运拴在一种产品上，继续搞『一贯制』，以卵击石，把自己置于无法与人竞争的逆境中；要改弦更张，开发新的产品。这样，就能『东方不亮西方亮』，即使面临『山重水复』的困境，也会出现『柳暗花明』的新局面。

国内有家大型拖拉机厂，多年来一直生产50匹马力的大型拖拉机。由于农业形势的新变化，这种产品市场萎缩，难以销售。原厂长决策不力，致使该厂面临严重危机，职工只能发70%的工资。新厂长到任后，采取了两种措施：一是变大为小，重点生产15马力的手扶拖拉机；二是化整为零，改生产拖拉机为生产50马力的柴油发动机，从而迅速扭转被动局面。既保住了原有农村市场，柴油发动机又打入了其他领域。近几年，东南亚一些厂商也纷纷来厂订购柴油发动机安装游艇。这退中有进的策略，使该厂出现勃勃生机，不仅年年完成上缴国家利税的任务，而且职工的工资也有了较大幅度的增长。

天津石化通用机械公司所属的四个泵厂总共不过两千来人，只相当于沈阳水泵厂的一个车间，其技术设备根本无法和人家相比。但他们过去都和大厂干同一产品，争同一市场，结果自己被挤得几乎没有饭吃。实践使他们懂得，要想以小胜大，以弱胜强，只有避大厂之实，打空当，走夹缝才能奏效。他们经过调查，发现不锈钢耐酸泵市场上很需要，而大厂不愿干，小厂干不了，于是便把它作为自己的开发对象。通过不断摸索，悉心钻研，逐步掌握了不锈钢精细铸造工艺诀窍，迅速跃居全国耐酸泵厂家的先进行列。

塑胶花曾使李嘉诚成为『塑胶花大王』，赚得盘满钵满。

然而有远见的李嘉诚从开发塑胶花之时，就预见到塑胶花迎合社会的时髦心理，只能风行一时。因为，塑胶花无论如何不能取代有生命的植物花。于是常思考：物极必反。塑胶花市场的繁荣，究竟能持续多久？同时得悉，塑胶及玩具业厂家，1960年为557家，1972年已猛增到3359家。因而香港出现塑胶花积压，原因一是生产过滥，二是欧美市场萎缩。真是塑胶厂遍地开花，塑胶花泛滥成灾，虽未直接影响长江实业公司，却引起李嘉诚警觉。

此时，李嘉诚早有心理准备，采取『走为上』策略，不再投资于塑胶花生产，让其自生自灭；同时，另辟蹊径，缔造以地产为龙头的商业。李嘉诚早期进入塑胶花领域，赚一大笔钱后，审时度势，急流勇退，进和退均占先机。

经商以『走为上』作战策略撤退的不乏实例。如刘文汉知道美国盛行『假发热』断定香港必定步其后尘，所以抢先在香港成立假发制造公司，大赚一笔钱。其后料定假发的生命力不会久长，于是，在市场攀升到高峰时，急流勇退，移居澳大利亚。日本商战圣手松下幸之助说过：『高明的枪手，他的收枪动作，往往比出枪还快。』

下编 《三十六计》智谋典故

第一章 胜战计智谋典故

第一计 瞒天过海

孙膑减灶，诱杀庞涓

战国时魏惠王派太子申和庞涓集中全国兵力，再次攻打韩国。韩哀侯向齐国求救。齐威王派田忌为将、孙膑为军师，发兵救韩。孙膑建议采取『围魏救赵』的策略。田忌说：『军师上次用过此计，这次再用恐怕被敌人识破。』孙膑笑着答道：『这次我另有计谋让敌人上当。』田忌听从了孙膑的建议，率军直逼魏国都城大梁。

魏惠王听说齐军来攻大梁，急忙令太子申和庞涓回兵救魏。

孙膑与庞涓曾是同学，深知他有勇无谋，可以智取，不宜硬拼。于是他向田忌献上『减灶诱敌』的计策。魏齐两军刚刚遭遇，孙膑就命令齐军撤退。庞涓追到齐军驻地时，清点齐军的灶头，十万有余。第二天齐军又急急退却，只留下了五万个灶头。到了第三天，齐军的灶头只剩下二万个。庞涓见状，非常高兴，命令魏军加紧追赶齐军。太子申问他为什么这样做，庞涓说：『我早就听说齐军胆小怕死，三天之内就逃走了大半。我军穷追不舍，定能取胜。』

后来，齐军撤到了两山之间的马陵道，孙膑见这里谷深路窄，宜于设兵埋伏，就命令士兵砍下树木作为路障，又把路旁一棵大树的树皮剥去，在上面刻了一行大字。接着他吩咐一万弓箭手夹道埋伏，只等庞涓前来送死。

黄昏时分，庞涓带领疲惫不堪的魏军来到马陵道。士兵清理路障时，有人发现了树上的字，忙向庞涓报告。庞涓赶来持火把一照，见上面写着『庞涓死于此树下』这几个大字，不由得大惊失色。未及庞涓回过神来齐军已是万箭齐发，魏军顿成瓮中之鳖。庞涓中箭负伤，自知生还无望，于是拔剑自刎。

五张羊皮，赎回贤臣

公元前659年，秦穆公得到王位后，从政治、经济到文化都进行了整治，使秦国很快成为春秋时期的霸主之一。秦穆公用五张羊皮换回虞国亡臣百里奚，并任为相国之举，实为千古美谈。

百里奚原为虞国大夫，晋国灭掉了虞国之后，百里奚成了晋国的俘虏。此前，百里奚曾力谏虞君应看透晋国的亡虞阴谋。此时被俘后，当然不愿为晋国服务。对于这样一个人，晋献公无奈，只得把他作为自己女儿的陪嫁奴仆，送往秦国。在赴秦的路上，百里奚乘人不备，偷偷地逃往楚国宛县。结果，楚人把他当作别国诸侯派来的奸细抓了起来，后来看他上了岁数，又挺老实，便让他去放牛、放马。

秦穆公娶来晋献公的女儿后，在翻看陪嫁奴仆的名单时，发现少了一个叫百里奚的人，于是，便问了起来。经别人介绍，秦穆公才了解到百里奚是个很有才能的谋士，只可惜虞君昏庸，英雄无用武之地，才落到今天这个地步。秦穆公十分惋惜，立即派人四下打听百里奚的下落，很快，他知道了百里奚此刻正在楚国放马，便想用重金去楚国把百里奚赎回来。

有人劝谏秦穆公说：『楚人让百里奚放马，是因为不知道他是个有本事的人。要是您重金去赎，还不是告诉楚王百里奚是个能人吗？那他还会放百里奚回来吗？』秦穆公一听有理，便按照当时普通奴隶的身价，派人拿上五张公羊皮，去楚王那儿说：『敝国有个奴隶叫百里奚，逃到了贵国，请让我们赎回他，治他的罪。』楚王痛痛快快地答应放百里奚回秦。

这时，百里奚已是七十多岁的老翁了。归秦后，秦穆公亲自为他解开绳索，请入宫中，待为上宾，并向他请教治国之道。百里奚百般推辞，说：『我是个亡国之臣，怎配与国君谈论国家大事！』秦穆公却诚恳地说：『虞君不重用你，所以亡国，这不是你的过错。』经秦穆公再三诚请，百里奚深为感动，倾其所知，和秦穆公谈了三天。秦穆公大喜，见其果然贤能，遂任命百里奚为相国，授之以大权。举国尽知，他是国君用五张羊皮换回来的，称之为『五羖大夫』。

百里奚深受知遇之恩，见秦穆公如此看重贤才，便又热情地向穆公推荐了他的好友蹇叔。这蹇叔也是治国的贤才。此后，百里奚和蹇叔一起辅佐秦穆公，提出不少治国兴邦的谋略，为秦国的兴旺发展出了不少力，使秦国逐渐强大起来。

第二计 围魏救赵

关羽大意，败走麦城

汉献帝建安二十四年（公元219），关羽令南郡太守糜芳守卫江陵，将军士仁守公安，他亲自率军向樊城的曹仁进攻。曹仁派左将军于禁，立义将军庞德等人驻守樊城北面。八月，天降大雨，汉水泛滥，平地水数丈深，于禁等七路兵马都被大水所淹。于禁和将领们登到高处避水，关羽则乘大船向曹军进攻，于禁等无处可逃，只好投降。庞德站在堤上，身穿铠甲，手挽弓箭，箭无虚发，自清晨拼力死战。至过午，关羽的进攻愈来愈急。庞德的箭射尽了，又与关羽等短兵相接，愈战愈怒，胆气愈壮，而水势愈来愈大，部下的官员和士兵都投降了。庞德欲图乘小船回到曹仁的军营，小船被大水冲翻，弓箭也掉在水里，只有他一人在水中抱住翻船。在被关羽俘虏后，不肯屈服下跪。关羽对他说：『你的兄长在汉中，我准备以你为我的将领，为什么不早早投降呢？』庞德大骂说：『小子，为什么投降你！魏王统率百万大军，威震天下；你家刘备不过是个庸才，岂能对抗魏王！我宁可做国家的鬼，也不做你们这些贼人的将领！』关羽杀掉了庞德。魏王曹操闻知此事，说：『我和于禁相知三十年，为什么在紧急关头，于禁反而不如庞德呢！』于是封庞德的两个儿子为列侯。

关羽向樊城发起猛攻，城中进水，城墙被水冲坏，城中士兵们惊恐不安。有人对曹仁说：『现在的危险，靠我们的力量很难解除，应该趁关羽的包围尚未完成，乘轻便船只连夜退走。』汝南太守满宠说：『山洪来得快，去得也快，我想不会滞留很久。据说关羽已经派别的部队至郏下，许都以南百姓混乱不安。关羽之所以不敢急于北进，是顾虑我们攻击他的后路。如果我军退走，黄河以南地区，就不再为国家所有了，您应该在这里坚守以待。』曹仁说：『你说得对！』于是将白马沉入河中，与将士们盟誓，齐心合力，坚守樊城。城中将士只有数千人，未被水淹没的城墙也仅有几尺高。关羽乘船至城下，重重将樊城包围，使其内外断绝。关羽又派别的将领把将军吕常包围在襄阳。荆州刺史胡修、南乡太守傅方都投降了关羽。

关羽水淹七军，威震华夏。曹操不敌，准备迁都以避敌锋。这时曹操的司马司马懿、西曹属蒋济献计曰：

『于禁等为水所没，非战攻之失，于国家大计未足有损。刘备、孙权，外亲内疏，关羽得志，权必不愿也。可遣人劝孙权蹑其后，许割江南以封权，则樊围自解。』此计便是分散政敌，削其势而驱之的谋略，也自然被曹操所采纳。

面对曹操的谋略，孙权并不是不知，但为利益所诱，又兼关羽因孙权为子求婚其女不许，孙权袭破关羽，夺取荆州之心早有。于是借曹操派人来游说之时，作书与曹操，愿讨关羽以自效，并请求不要把消息泄露出去，使关羽有所防范。谋士董昭却认为暴露这个消息为好，这样『可使两贼相对衔持，坐待其敝。』再者关羽为人好强，兵围樊城期望大功，必然犹豫不退，曹军知此却能提高士气。果然，被围将士得知消息后，士气倍增，关羽却对是否撤围，犹豫不决。

孙权暗地派征虏将军孙皎和吕蒙为左右两路军队的最高统帅，暗地袭击关羽。

吕蒙到达浔阳，把精锐士卒都埋伏在名为艄艄的船中，招募一些平民百姓摇橹，令将士化装成商人，昼夜兼程，关羽设置在江边的守望官兵，都被捉了起来，所以关羽对吕蒙的行动一无所知。麋芳、士仁一直都不满意关羽轻视他们，关羽率兵在外，麋芳、士仁供给的军用物资不能全部送到，关羽说：『回去后，一定治罪。』麋芳、士仁都感到恐惧。于是吕蒙命令原骑都尉虞翻写信游说士仁，为其指明得失，士仁得到虞翻信后，便投降了。虞翻对吕蒙说：『这种隐秘的军事行动，应该带着士仁同行，留下将士守城。』于是带着士仁至南郡。麋芳守城，吕蒙要士仁出来与他相见，麋芳因而也开城投降了。吕蒙到达江陵，把囚禁的于禁释放，得到关羽和将士们的家属，给以抚慰，对全军下令：『不得骚扰百姓和向百姓索求财物。』吕蒙还在早晨和晚间派亲近的人慰问和抚恤老人，询问他们生活有什么困难，给病人送去医药，给饥寒的人送去衣服和粮食。关羽官府中的财物、珍宝，全部封起来，等候孙权前来处理。

关羽得知南郡失守后，立即向南撤退。曹仁召集各位将领商议，都说：『如今趁关羽身陷困境，内心恐惧，应派兵追击，将他擒获。』赵俨说：『孙权乘关羽和我军鏖战之机，试图进攻关羽后路，又顾忌关羽率军回救，我军趁其双方疲劳，从中取利，所以才言辞和顺地愿意为我军效力，不过是乘事变从中渔利罢了。如今关羽势孤奔走，我们更应让他继续存在，去危害孙权。如果对关羽穷追不舍，孙权将会由防备关羽，转而防范我们，这将对我们很不利，魏王也一定会有这种考虑。』于是，曹仁下令不要再穷追关羽。魏王曹操知道关羽退走，唯恐将领们追击他，果然迅速给曹仁下达命令，内容正如赵俨所说。

关羽多次派使者要求与吕蒙通消息，吕蒙每次都热情款待关羽的使者，允许他在城中各处游览，关羽部下将士的家属看见使者，都上前询问，还有人托他给自己的亲人带去书信。使者返回，关羽部属私下里询问家中情况，尽知家中平安，所受对待超过以前，因此关羽的将士都无心再战了。

正在此时，孙权到达江陵，荆州的文武官员都归附了；只有治中从事武陵人潘浚称病不见，孙权派人带着床把他从家中抬来，潘浚脸朝下爬在床上不起，涕泪纵横，哽咽不能自止。孙权诚恳热切地慰问，让左右亲近的人用手巾为他擦脸。潘浚起身，下地拜谢，孙权当即任命他为治中，有关荆州的军事，全都听取他的意见。武陵部从事樊伷引诱少数部族，欲图使武陵依附汉中王刘备。有人上书请求派遣统帅率领一万人征讨樊伷，孙权不同意；特别召见潘浚询问，潘浚回答：『派兵五千人，就可以擒获樊伷。』孙权说：『你为什么如此轻敌？』潘浚回答说：『樊伷是南阳的世家，只会摇唇鼓舌，实际上没有才智、胆略。我之所以了解他，是因为过去樊伷曾为州中的人设宴，直至中午，客人仍无饭菜可吃，十余个人只得起身离去，这如同观看侏儒演戏，看一节就可知道他有多少伎俩了。』孙权大笑，立即派潘浚率兵五千前去征讨，果然将樊伷等人斩首，平定了叛乱。孙权任命吕蒙为南郡太守，封为孱陵侯，赏赐一亿钱，黄金五百斤；任命陆逊兼任宜都太守。

十一月，汉中王刘备设置的宜都太守樊友放弃宜都郡而走，各城的长官以及各少数部族的酋长都归降了陆逊。陆逊请求以金、银、铜制的官印授予刚刚归附的官吏，并将进攻刘备的将领詹晏等人和世居秭归、拥兵自重的大家族将其击溃、归降，前后斩首、俘获以及招降数以万计。孙权任命陆逊为右护军、镇西将军，晋封为娄侯，率兵驻扎夷陵，守卫峡口。

关羽自知孤立困穷，便向西退守麦城。孙权派人诱降，他伪装投降，把幡旗做成人像立在城墙上，借机逃遁，士兵都跑散了，跟随他的只有十余名骑兵。孙权已事先命令朱然、潘璋切断了关羽的去路。十二月，潘璋手下的司马马忠在章乡擒获关羽及其儿子关平，予以斩首，于是，孙权占据荆州。

吕蒙借关羽进攻樊城兵力空虚之机，袭击关羽后方，不仅曹操之围得解，而且吞并荆州，擒杀关羽，这正是围魏救赵之计的巧妙运用。

第三计　借刀杀人

刘备借刀，诛除吕布

在三国时，吕布骁勇过人，但为人反复无常。吕布原为荆州刺史丁原的义子，后丁原与董卓交恶，董卓用一匹赤兔马将吕布收买，吕布杀了丁原，拜董卓为义父。

董卓入京之后，势力扩大，自称太师。后来王允等人巧用连环计，使董卓死在吕布之手。

在罗贯忠的《三国演义》第十九回中，刘备巧用借刀杀人之计除掉了吕布。请见原文：

且说曹操得了徐州，心中大喜，商议起兵攻下邳。程昱曰：『布今止有下邳一城，若逼之太急，必死战而投袁术矣。布与术合，其势难攻。今可使能事者守住淮南径路，内防吕布，外挡袁术。况今山东尚有臧霸、孙观之徒未曾归顺，防之亦不可忽也。』操曰：『吾自挡山东诸路。其淮南径路，请玄德挡之。』玄德曰：『丞相将令，安敢有违。』次日，玄德留糜竺、简雍在徐州，带孙乾、关、张引军驻守淮南径路。曹操自引兵攻下邳。

且说吕布在下邳，自恃粮食足备，且有泗水之险，安心坐守，可保无虞。陈宫曰：『今操兵方来，可乘其寨栅未定，以逸击劳，无不胜者。』布曰：『吾方屡败，不可轻出。待其来攻而后击之，皆落泗水矣。』遂不听陈宫之言。过数日，曹兵下寨已定。操统众将至城下，大叫吕布答话，布上城而立，操谓布曰：『闻奉先又欲结婚袁术，吾故领兵至此。夫术有反逆大罪，而公有讨董卓之功，今何自弃其前功而从逆贼耶？倘城池一破，悔之晚矣！若早来降，共扶王室，当不失封侯之位。』布曰：『丞相且退，尚容商议。』陈宫在布侧大骂曹操奸贼，一箭射中其麾盖。操指宫恨曰：『吾誓杀汝！』遂引兵攻城。

宫谓布曰：『曹操远来，势不能久。将军可以步骑出屯于外，宫将余众闭守于内；操若攻将军，宫引兵击其背；若来攻城，将军为救于后，不过旬日，操军食尽，可一鼓而破；此乃掎角之势也。』布曰：『公言极是。』遂归府收拾戎装。时方冬寒，吩咐从人多带棉衣，布妻严氏闻之，出问曰：『君欲何往？』布告以陈宫之谋。严氏曰：『君委全城，捐妻子，孤军远出，倘一旦有变，妾岂得为将军之妻乎？』布踌躇未决，三日不出。宫人见曰：『操军四面围城，若不早出，必受其困。』布曰：『吾思远出不如坚守。』宫曰：『近闻操军粮少，遣人往许都去取，早晚将至。将军可引精兵往断其粮道。此计大妙。』布然其言，复入内对严氏说知此事。严氏泣曰：『将军若出，陈宫、高顺安能坚守城池？倘有差失，悔无及矣！妾昔在长安，已为将军所弃，幸赖庞舒私藏妾身，再得与将军相聚；孰知今又弃妾而去乎？将军前程万里，请勿以妾为念！』言罢痛哭。布闻言愁闷不决，入告貂蝉。貂蝉曰：『将军与妾做主，勿轻身自出。』布曰：『汝无忧虑。吾有画戟、赤兔马，谁敢近我！』乃出谓陈宫曰：『操军粮至者，诈也。操多诡计，吾未敢动。』宫出，叹曰：『吾等死无葬身之地矣！』布于是终日不出，只同严氏、貂蝉饮酒解闷。

谋士许汜、王楷入见布，进计曰：『今袁术在淮南，声势大振。将军旧曾与彼约婚，今何不仍求之？彼兵若至，内外夹攻，操不难破也。』布从其计，即日修书，就着二人前去。许汜曰：『须得一军引路冲出方好。』布令张辽、郝萌两个引兵一千，送出隘口。是夜二更，张辽在前，郝萌在后，保着许汜、王楷杀出城去。抹过玄德寨，众将追赶不及，已出隘口。郝萌将五百人，跟许汜、王楷而去。张辽引一半军回来，到隘口时，云长拦住。未及交锋，高顺引兵出城救应，接入城中去了。

且说许汜、王楷至寿春，拜见袁术，呈上书信。术曰：『前者杀吾使命，赖我婚姻！今又来相问，何也？』汜曰：『此为曹操奸计所误，愿明上详之。』术曰：『汝主不因曹兵困急，岂肯以女许我？』楷曰：『明上今不相救，恐唇亡齿寒，亦非明上之福也。』术曰：『奉先反复无信，可先送女，然后发兵。』许汜、王楷只得拜辞，和郝萌回来。到玄德寨边，汜曰：『日间不可过。夜半吾二人先行，郝将军断后。』商量停当。夜过玄德寨，许汜、王楷先过去了。郝萌正行之次，张飞出寨拦路。郝萌交马只一合，被张飞生擒过去，五百人马尽被杀散。张飞解郝萌来见玄德，玄德押往大寨见曹操。郝萌备说求救许婚一事。操大怒，斩郝萌于军门，使人传谕各寨，小心防守：如有走透吕布及彼军士者，依军法处置。各寨悚然。玄德回营，吩咐关、张曰：『我等正当淮南冲要之处。二弟切宜小心在意，勿犯曹公军令。』飞曰：『捉了一员贼将，操不见有甚褒赏，却反来唬吓，何也？』玄德曰：『非也。曹操统领多军，不以军令，何能服人？弟勿犯之。』关、张应诺而退。

却说许汜、王楷回见吕布，具言袁术先欲得妇，然后起兵救援。布曰：『如何送去？』汜曰：『今郝萌被获，操必知我情，预做准备。若非将军亲自护送，谁能突出重围？』布曰：『今日便送去，如何？』汜曰：『今日乃凶神值日，不可去。明日大利，宜用戌、亥时。』布命张辽、高顺：『引三千军马，安排小车一辆；我亲送至二百里外，却使你两个送去。』次夜二更时分，吕布将女以棉缠身，用甲包裹，负于背上，提戟上马。放开城门，布当先出城，张辽、高顺跟着。将次到玄德寨前，一声鼓响，关、张二人拦住去路，大叫：『休走！』布无心恋战，只顾夺路而行。玄德自引一军杀来，两军混战。吕布虽勇，终是缚一女在身上，只恐有伤，不敢冲突重围。后面徐晃、许褚皆杀来，众军皆大叫曰：『不要走了吕布！』布军见来太急，只得仍退入城。玄德收军，徐晃等各归寨，端的不曾走透一个。吕布回到城中，心中忧闷，只是饮酒。

却说曹操攻城，两月不下。忽报：『河内太守张杨出兵东市，欲救吕布；部将杨丑杀之，欲将头献丞相，却被张杨心腹将眭固所杀，反投犬城去了。』操闻报，即遣史涣追斩眭固。因聚众将曰：『张杨虽幸自灭，然北有袁绍之忧，东有表、绣之患，不邳久围不克，吾欲舍布还都，暂且息战，何如？』荀攸急止曰：『下可。吕布屡败，锐气已堕，军以将为主，将衰则军无战心。彼陈宫虽有谋而迟。今布之气未复，宫之谋未定，作速攻之，布可擒也。』郭嘉曰：『某有一计，下邳城可立破，胜于二十万师。』荀彧曰：『莫非决沂、泗之水乎？』嘉笑曰：『正是此意。』操大喜，即令军士决两河之水。曹兵皆居高原。坐视水淹下邳。下邳一城，只剩得东门无水；其余各门，都被水淹。众军飞报吕布。布曰：『吾有赤兔马，渡水如平地，又何惧哉！』乃日与妻妾痛饮美酒，因酒色过伤，形容消减；一日取镜自照，惊曰：『吾被酒色伤矣！自今日始，当戒之。』遂下令城中，但有饮酒者皆斩。

却说侯成有马十五匹，被后槽人盗去，欲献与玄德。侯成知觉，追杀后槽人，将马夺回；诸将与侯成作贺。侯成酿得五六斛酒，欲与诸将会饮，恐吕布见罪，乃先以酒五瓶诣布府，禀曰：『托将军虎威，追得失马。众将皆来作贺。酿得些酒，未敢擅饮，特先奉上微意。』布大怒曰：『吾方禁酒，汝却酿酒会饮，莫非同谋伐我乎！』命推出斩之。宋宪、魏续等诸将俱入告饶。布曰：『故犯吾令，理合斩首。今看众将面，且打一百！』众将又哀告，打了五十背花，然后放归。众将无不丧气。

宋宪、魏续至侯成家来探视，侯成泣曰：『非公等则吾死矣！』宪曰：『布只恋妻子，视吾等如草芥。』续曰：『军围城下，水绕壕边，吾等死无日矣！』宪曰：『布无仁无义，我等弃之而走，何如？』续曰：『非丈夫也。不若擒布献曹公。』侯成曰：『我因追马受责，而布所倚恃者，赤兔马也。汝二人果能献门擒布，吾当先盗马去见曹公。』三人商议定了。是夜侯成暗至马院，盗了那匹赤兔马，飞奔东门来。魏续便开门放出，却佯作追赶之状。侯成到曹操寨，献上马匹，备言宋宪、魏续插白旗为号，准备献门。曹操闻此信，便押榜数十张射入城去，其榜曰：『大将军曹，特奉明诏，征伐吕布。如有抗拒大军者，破城之日，满门诛戮。上至将校，下至庶民，有能擒吕布来献，或献其首级者，重加官赏。为此榜谕，各宜知悉。』

次日平明，城外喊声震地。吕布大惊，提戟上城，各门点视，责骂魏续走透侯成，失了战马，欲待治罪。城下曹兵望见城上白旗，竭力攻城，布只得亲自抵敌。从平明直打到日中，曹兵稍退。布少憩门楼，不觉睡着在椅上。宋宪赶退左右，先盗其画戟，便与魏续一齐动手，将吕布绳缠索绑，紧紧缚住。布从睡梦中惊醒，急唤左右，却都被二人杀散，把白旗一招，曹兵齐至城下。魏续大叫：『已生擒吕布矣！』夏侯渊尚未信。宋宪在城上掷下吕布画戟来，大开城门，曹兵一拥而入。高顺、张辽在西门，水围难出，为曹兵所擒。陈宫奔至南门，为徐晃所获。

曹操入城，即传令退了所决之水，出榜安民；一面与玄德同坐白门楼上。关、张侍立于侧，提过擒获一干人来。吕布虽然长大，却被绳索捆作一团，布叫曰：『缚太急，乞缓之！』操曰：『缚虎不得不急。』布见侯成、魏续、宋宪皆立于侧，乃谓之曰：『我待诸将不薄，汝等何忍背反？』宪曰：『听妻妾言，不听将计，何谓不薄？』布默然。须臾，众拥高顺至。操问曰：『汝有何言？』顺不答。操怒命斩之。徐晃解陈宫至。操曰：『公台别来无恙！』宫曰：『汝心术不正，吾故弃汝！』操曰：『吾心不正，公又奈何独事吕布？』宫曰：『布虽无谋，不似你诡诈奸险。』操曰：『公自谓足智多谋，今竟何如？』宫顾吕布曰：『恨此人不从吾言！若从吾言，未必被擒也。』操曰：『今日之事当如何？』宫大声曰：『今日有死而已！』操曰：『公如是，奈公之老母妻子何？』宫曰：『吾闻以孝治天下者，不害人之亲；施仁政于天下者，不绝人之祀。老母妻子之存亡，亦在于明公耳。吾身既被擒，请即就戮，并无挂念。』操有留恋之意。宫径步下楼，左右牵之不住。操起身泣而送之。宫并不回顾。操谓从者曰：『即送公台老母妻子回许都养老。

怠慢者斩。』宫闻言，亦不开口，伸颈就刑。众皆下泪。操以棺椁盛其尸，葬于许都。后人有诗叹之曰：『生死无二志，丈夫何壮哉！不从金石论，空负栋梁材。辅主真堪敬，辞亲实可哀。白门身死日，谁肯似公台！』

方操送宫下楼时，布告玄德曰：『公为座上客，布为阶下囚，何不发一言而相宽乎？』玄德点头。及操上楼来，布叫曰：『明公所患，不过于布；布今已服矣。公为大将，布副之，天下不难定也。』操回顾玄德曰：『何如？』玄德答曰：『公不见丁建阳、董卓之事乎？』布目视玄德曰：『是儿最无信者！』操令牵下楼缢之。布回顾玄德曰：『大耳儿！不记辕门射戟时耶？』忽一人大叫曰：『吕布匹夫！死则死耳，何惧之有！』众视之，乃刀斧手拥张辽至。操令将吕布缢死，然后枭首。

刘备一句话，送了吕布的命，刘备为什么非要杀吕布呢？

原来，刘备是暂时栖身在曹营，心怀大计。曹操与吕布联合必给刘备未来的事业带来重大阻力。吕布英勇过人，武功盖世。先前，虎牢关一战，吕布一人独战刘备、关羽、张飞，且进退自如。如果他与曹操联合，天下哪有敌手呢？

诸葛用计，三气周瑜

周瑜取得赤壁一战的大胜之后，大犒三军，然后进兵攻取南郡。前队临江下寨，前后分五营，周瑜居中。周瑜正与众将商议征进之事，忽然听到刘备、诸葛亮已先期进驻油江，便判明刘备亦有攻取南郡之意，心里十分气恼，对众人说：『赤壁一战，我们费了许多军马，用了许多钱粮，眼下南郡好不容易反手可得，而刘备却想坐享其成，除非我周瑜死了，他们才能做这个美梦！』于是立即亲自去刘备营中质问。经过一番交涉，两家确定，先由周瑜领兵去攻取南郡，倘若攻之不取，再由刘备的人马去攻占。

周瑜心想，曹操83万人马被我赶得如鸟兽散，曹操本人已退归许都，我取区区南郡不是易如反掌的事吗？谁知两军交手之后，不是想象中的那么容易，不但南郡一时未攻克，反而中了曹仁等设下的诱兵之计。损失了许多军马不说，周瑜本人还自临前线亲冒矢石，甚至身负箭伤，几乎丧命。后来好不容易将计就计，杀败了魏军，正准备回头来接受南郡时，刘备和诸葛亮趁吴、魏两军在别处厮杀之际，乘虚得了南郡。不仅得了南郡，还用假兵符赚得荆州、襄阳二城，连同南郡，一共三处城池，全不费力，皆属刘备了，周瑜一听，大叫一声，金疮迸裂，半天方才苏醒过来，这是诸葛亮一气周公瑾。

周瑜好不容易咽下这口气，又与孙权共同商定设下一个『假招亲』的圈套，想把刘备骗到东吴，然后除掉他。没想到诸葛亮技高一筹，分别对刘备、赵云面授机宜，不仅屡次化险为夷，而且真的让刘备当上了新郎，做了孙权的『妹夫』，致使周郎『赔了夫人又折兵』，周瑜第二次受了诸葛亮的窝囊气，心想：『我的第二条计策又落空，还有何面目去见孙权！』大叫一声，又是金疮迸发，昏倒于战船之上。

前两次失算，更加坚定了周瑜取荆州、杀孔明的决心。但硬拼不可取，于是又心生一个『假途灭虢』的计谋来。那是孙权令鲁肃到刘备处，索要荆州。诸葛亮授意刘备答应鲁肃：『等到自己取西川胜利之后，立即将荆州归还于东吴。』鲁肃回来一讲，周瑜就知道这完全是诸葛亮和刘备混赖荆州的遁词，但事已至此，只好将计就计，说：『孙、刘两家，既结为亲，便是一家了，也不必烦劳刘备去取西川，我东吴纵兵去取西川，待取得西川后，权当作孙权妹妹的嫁资送给刘备，刘备也好归还荆州了。』实际上，他只是想让诸葛亮不做准备，当东吴兵马借着进取西川的名义，直逼荆州，等刘备出城劳军之际，便好『乘势杀之，夺取荆州，以雪心中之恨。』不承想诸葛亮视周瑜惨淡经营的『假途灭虢』计策如同儿童游戏，一眼望穿，嘴里满口答应，暗地里却叫刘备『准备窝弓以擒猛虎，安排香饵以钓鳌鱼』，直等周瑜上钩。周瑜自以为得计，依计行事，率军来到荆州地界，却见不到刘备出迎劳军的影子，待到荆州城下，赵云站在城头，当众揭穿周瑜的『西洋镜』，然后，万箭齐发，不让周瑜近前。周瑜见自己又一次败在诸葛亮手下，终于发出了『既生瑜，何生亮』的长叹，气绝而亡，时年只有36岁。

三气周公瑾，诸葛亮事先与之都未发生正面冲突，而是利用周瑜爱激动的弱点，施展近似一种『太极拳』的功夫，以柔克刚而制胜。

应该说，作为三军主帅，周瑜有胆有识，斗志很旺，这是很可贵的。但是他急于事成，碰不得钉子，一碰钉子就失去了自制力，不是焦急不安，就是大动肝火，这样的毛病，却又正是三军主帅的致命伤，是万万不能有的，而周瑜不但有，而且很严重。这个弱点，在赤壁之战的过程中也经常表现出来。当他和诸葛亮初次相见时，诸葛亮采用『入门犯俗』的方法，巧用情报，编造曹操百万军队南下，是冲着『二乔』而来，激他抗曹，劝他把乔公二女送与曹操以求和，这一下不但鄙视他的无能，而且伤了他的所爱，于是根本不考虑诸葛亮的话是真是假，也不顾及场面上有些什么人，就『勃然大怒，离座指北而骂曰：老贼欺吾太甚！』这一来，就在诸葛亮面前暴露了他爱冲动，不容易控制情绪及容易上当受骗的弱点。好在这时的诸葛亮，还是以盟军军师的身份，目的是激他抗曹，效果是化消极因素为积极因素。还有一次是在孙刘同盟结成以后，周瑜与诸葛亮共同确定了『火攻』的决策后，『万事俱备，只欠东风』。如果没有东南风，『火攻』计划只能告吹。由于事先没有考虑，骤然想起又是十分着急，这一急非同小可，于是『大叫一声，往后便倒，口吐鲜血』。诸葛亮掌握了这一点，在他后来的三气周瑜的斗智斗勇中，诸葛亮正是针对他这一致命的弱点，或者是火上浇油，或者是乘虚而入，每次都没有发生正面冲突和激烈争吵，反而表现得彬彬有礼，处处让步，但每一次都是胜券在握，终于活活气死了周瑜。

第四计　以逸待劳

以逸待劳，晋避秦师

上次孟明视领军偷袭郑国不遂，回程途中反而被晋军在崤山设伏打了个全军覆没，连孟明视、西乞术、白乙丙三名主帅副帅也被晋军俘虏了。后来晋襄公念着秦晋数代通婚友好，与秦穆公的关系又还未决裂，才把他们放回国去。

孟明视等三人回到秦国，不仅没有受到秦穆公的指责处罚，反而恩宠有加，继续重用为领军之帅，三人十分感激，更加尽力尽心训练士卒，秣马厉兵，以图一报崤山大败之仇。

不久，晋襄公又联合宋、陈、郑几国兵马，乘秦军元气大伤的机会，再度入侵秦国。秦国也果然没有任何抵挡，任由晋国占领了边境几处城邑。身为三军统帅的孟明视没有主动请命防御入侵之敌，很为朝野上下所不理解，微言纷起，都说他被晋人打怕了，现在一听见晋军入侵就害怕啦。孟明视还是没有辩解。倒是秦穆公对众大臣解释说：『孟元帅之所以没有率兵抗晋，是我们的力量还没有恢复，还不是跟晋军决战的时候。时机一到，他一定能打败晋军，一报崤山兵败之辱的，各位且请拭目以待。』孟明视很为穆公能够理解自己而感动。经崤山一战，他慎重多了，再也不敢轻率从事，更不敢轻易言战。

他感激穆公的知遇之恩，也更加刻苦地整治部队，训练将士。

一年之后，秦军恢复了元气，将士经严格训练，作战能力也大大提高。于是，他提出了征伐晋国的请求。他满怀信心地对穆公说：『这次如果再不能雪耻洗辱，我孟明视誓不生还秦国见主公！』

『好，我亲自为你督军出征！』秦穆公也意气风发。『作为秦国之主，这几年来，我军对晋军屡战屡败，受够了晋军的欺侮，如果这次还不能打败晋国，我也没有面目回来见百姓了！』

孟明视挑选了500乘战车和几千精兵，临出发时，又给参战的将士的家庭送去丰厚的财物和赠赐。这一举动，令全军上下大为感动，士气大振，都决心跟从孟元帅，一定要战胜晋军，一报崤山兵败之仇。

选定吉日，秦穆公亲自率领大军出发，不日便过了黄河，进入秦晋边境。孟明视下令把渡船全部烧毁。秦穆公大为吃惊：『孟元帅，你为什么把渡船都烧毁啦？』

孟明视不无悲壮地说：『兵以气胜。我军屡被晋军所败，将士们一听说与晋军打仗，口里虽然说振奋向前，心里却免不了还要怯懦害怕，士气很低落。现在我们虽然烧毁了渡船，但如果胜利了，何愁无船可渡？一旦兵败，也无须再回去啦！这是为了给将士们一个鞭策：我们这次是有进无退，只许成功。不许失败的。这是兵法上说的置之死地而后生，希望能够以此激励士气。』

秦穆公恍然大悟，连连点头称好。

随后，孟明视亲自为先锋，率军长驱直入晋境，一鼓作气连连攻破数座城池，真正是所向披靡。

晋襄公接到边境急报，忙与群臣商量抗敌之策。

丞相赵衰说：『秦军是我们婚姻友好之邻国，数度有恩于我国，却又被我们数次打败，他们全国上下对我们可谓恨之入骨了。这次穆公亲自领军来攻打我们，分明是势不两立的意思。经孟明视整治训练了一年的秦军已今非昔比，战斗力肯定大胜从前。其气正怒，其势方锐，全军上下同仇敌忾，必然勇不可当。我们不如稳守为主，避一避他们的锐气，任由他们一展威风，好让他们心中积聚多年的怨气得以宣泄。这样有可能解开两国这些年所结下的仇怨，重新修好，免除永无休止的纷争。请主公三思。』

先轸去世后，接任元帅的先且居也说：『丞相说得对。俗话说：困兽犹斗。何况秦军又是骁勇善战的大国军队呢！如与他们硬拼，吃亏的一定是我们。他们这次来既然是志在必胜的，干脆就让一让他们，任由他们在边境地方宣泄一阵，以满足他们求胜的欲望。只要我们坚守不战，他们略有所得，就会退兵回去了。』

既然文武重臣都这么说，晋襄公即下令严守各处要塞重地，任由秦军在边野之地为所欲为，坚决不与之交战。

这样，秦军在边境一带掳掠一番，见晋军并不应战，都以为晋军怕了秦军，几次落败的怨气和仇恨得以宣泄，心理上得到满足，也就转上崤山，收拾上次阵亡将士的尸骨后，回国去了。

以逸待劳，计擒韩信

汉高祖六年（公元前201），天下太平，刘邦却心病未除，大臣中他最放心不下的是齐王韩信。韩信足智多谋，善领兵打仗，若韩信反，则是天下大祸。

项羽的大将钟离昧，在项羽失败后，投奔韩信。韩信与钟离昧同是楚人，韩信就收留了他。

刘邦听说韩信收留了钟离昧，更不放心了，一个韩信已难对付，再加上一个钟离昧，更难对付。刘邦派使者持诏书，要韩信交出钟离昧，韩信接到诏书，谎称钟离昧不在他处，不肯交出钟离昧。

高祖接到韩信的书信，心中怀疑，就派暗探察访，暗探到了下邳，恰逢韩信出巡，车马隆隆，前后护卫，不下三五千人，声势很是威赫。侦探回报刘邦，说韩信有反意。

高祖召集众将，商讨对付韩信的方法，众将主张讨伐，高祖沉默不语，诸将退出。陈平觐见，高祖向他问计。

陈平知韩信未反，只是不肯替韩信辩护，但称事在缓图，不宜从速。

高祖着急道：『这事如何从缓？你总要为朕设法呀！』

陈平问：『诸将怎么说？』

刘邦说：『都要我发兵征讨。』

陈平问：『陛下如何知道韩信谋反？』

刘邦说：『有人密报，谋反属实。』

陈平问：『除有人上书，是否还有人知他谋反的情况？』

刘邦说：『没有。』

陈平又问：『韩信知道有人告他谋反吗？』

『不晓。』

『陛下现有的士卒，能胜过楚兵吗？』

『不能。』

『陛下用兵，必欲派遣得力大将，现在诸将中有人才能比得上韩信吗？』

『没有人能及。』

『兵不能胜楚，将又不及韩信，若突然起兵攻击，激成战争，恐怕韩信不想反也得反了。臣以为陛下此举，未必万全。』

『这却如何是好？』

陈平踌躇多时，才献一策说：『古时天子巡狩，必大会诸侯。臣听说南方有云梦泽，是好风景。陛下只说出游云梦，遍召诸侯，会集陈地，陈与楚西境相近，韩信既为楚王，且闻陛下无事出游，定然前来谒见，趁他谒见的时候，只需一二武夫，便好将他拿下，这岂不是唾手而得吗？』

高祖大喜，连说：『妙计！妙计！』

高祖派出使节，先向各国传诏书，说将南游云梦，令诸侯会集陈地，诸侯王怎知有诈，一律从命。

只有韩信得了使命，心中生疑，他被高祖两夺兵权，知道刘邦多诈。此次游云梦，令诸侯会集阵地，更觉其中有疑。陈楚地界毗连，应先去迎谒，但又恐事有不测，意外惹祸，因此迟疑莫决。手下将士见他纳闷，想为他解忧，贸然进言说：『大王并无过失，引皇上怀疑的，只有收留钟离昧一事，今若斩其首级，持谒主上，主上必喜，还有什么忧虑呢？』

韩信听了此言，觉得有理，便召入钟离昧，模模糊糊地说了数语。钟离昧听出了话的意思，又看他面有怒容，不似从前，因此试探道：『你莫非忧虑我在此处，得罪汉帝吗？』

韩信点点头，钟离昧说：『汉之所以下来攻楚，是怕我们二人相连，同心抗拒，若杀我献汉，昧今日死，公亦明日亡！』

钟离昧一面说，一面观察韩信的脸色，仍然如故，于是起座骂韩信道：『你是反复小人，我不应投奔你。』说罢拔剑自刎而死。

韩信割了钟离昧的首级，带了数名随从，直到陈地，觐见高祖。

高祖到达陈地，韩信已等候多时，一见御跸前来，便伏谒道旁，呈上钟离昧的首级。只听高祖高声道：『快与我拿下韩信！』话未说完，已有武士上前，把韩信绑了起来。

韩信叹道：『果如人言狡兔死，走狗烹，飞鸟尽，良弓藏，敌国破，谋臣亡，天下已定，我固当烹。』

高祖说：『有人告你谋反，所以拘捕你。』韩信也不多辩，任他绑在后车。高祖计谋得成，还会什么诸侯，遂又颁诏四方，托词韩信谋叛，无暇往游云梦，各诸侯不必来会。此诏一传，即带着韩信，仍由原路驰回洛阳。

第五计　趁火打劫

趁火打劫，谋害晁错

西周灭商，推行封建制。所谓封建，就是封侯建国，裂土封爵。秦灭六国，罢封建，设郡县，停止对宗室的分封。汉高祖刘邦统一中国后，认为未封宗室以为屏藩是秦速亡的原因之一。因此，他专门分封了一批同姓诸侯王，让他们领兵分据战略和财赋要地，借以控制郡县，必要时又可以为中央王朝的捍卫力量。为此规定：『非刘氏不得王』，有意识加强宗室的力量，提高宗室的地位。然而，随着时间的推移，这些诸侯王凭借自己相对独立的统治权，渐呈尾大不掉之势。与此同时，北方匈奴强大，威胁汉朝的北边。故此，在文、景之时出现如何削藩和抵御匈奴问题的议论。

这两个问题，一是内事，一是外事。言外事是朝野都能接受的，没有什么忌讳，言内事则容易引起当权者的猜忌。故此，汉文帝时的贾谊因诸侯王势力太大，已呈难制之势，提出『欲天下之治安，莫若众建诸侯而少其力』的主张，认为可以给宗室以很高的政治和经济待遇，但不能给他们实际的军政权力。年轻的贾谊得到汉文帝的赏识，已招致一些诸侯大臣的嫉妒，又直言内事，积怨更深。于是，大臣们以贾谊『洛阳之人，年少初学，专欲擅权，纷乱诸事』为名，逼迫文帝不能重用贾谊，贾谊所提的建议也难以实施，以致唐代诗人李商隐有『可怜半夜虚前席，不问苍生问鬼神』之叹。

与贾谊同时代的还有两位年轻人，也谈内外事，自然也招致诸侯大臣的猜忌。由于两人进言的方法不同，所得到的结果也不同。这就是袁（一作爰）盎和晁错。

从出身来看：袁盎父亲是盗贼，在吕后当权时，袁盎走吕禄的门路，得为吕禄的舍人，从此进入仕途。在汉文帝即位时，袁盎凭着其兄的举荐，升为郎中，得在文帝身边侍从，有了进言的机会。晁错也是家无渊源，『以文学为太常掌故』，是凭自己的才能进入仕途的。

不同的出身和经历，使他们在为人处世上相差很远。晁错为人峭直刻深，袁盎为人圆滑含蓄。在文帝时，晁错上书凡三十篇，涉及内外重大事务，虽然没有使文帝完全听从，但使文帝知其才能，其官也就不断升迁，从太子舍人、太子门大夫到太常博士、太子家令，升到中大夫，虽尚不是什么显官，已招人眼热。袁盎虽没有晁错那样的文笔，但身为侍从，向文帝进言的机会很多，常使文帝悦服，官运也很亨通，在文帝之时官至吴国相。

在景帝为太子时，晁错为太子家令，常为景帝出谋划策，人号为『智囊』。景帝即位，晁错升为中大夫，转内史，超迁为御史大夫而身居副丞相之职，故『宠幸倾九卿』。这种升迁速度，肯定招人嫉妒。在晁错为内史时，当时的丞相申屠嘉就很嫉妒，拟以晁错『穿宗庙垣为奏，请诛错』。幸而为晁错侦之，先行向景帝汇报，使申屠嘉计谋不成，深恨『吾悔不先斩错乃请之，为错所卖』。申屠嘉本是气性很大的人，『因呕血而死』。这使晁错更加荣崇，朝野也就更加侧目。

景帝即位，对袁盎来说，并不是什么好事，因为他身为吴国相，人在外地，难以进言，且景帝在为太子时，因与吴国太子下棋发生争执，『引博局提吴太子，杀之』，与吴国结成深怨。现在景帝即位，这种深怨肯定会爆发出来。袁盎出于避祸心理，及时告归，投靠丞相申屠嘉，以求自全，不料申屠嘉又死去，所恃已去，处境危险可知。

晁错受宠，袁盎失爱，这两个人的矛盾必然要激化起来。本来晁错与袁盎就不相善，『错所居坐，盎辄避；盎所居坐，错亦避；两人未尝同堂语』。现在晁错为御史大夫，袁盎在京闲居，正是晁错报复的好机会。但这位好谈『权术』的晁错，非但没有害掉袁盎，反被不好谈权术而会用权术的袁盎所害。

以二人的权术而论，晁错深得景帝信任，也非常忠于景帝。为了景帝的尊严，他不惜多次更定法令。他自恃有权在手，不听左右劝谏，就是其父亲劝他，也改变不了他的初衷，使他父亲感到『刘氏安矣而晁氏危』，『不忍见祸逮身』而自杀。晁错本人因为是维护『天子之尊』，所以才不怕别人『口语多怨』。但做事优柔寡断，缺乏应变才能。有景帝的信任和重用，晁错自以为有恃无恐，孰料他的政敌竟使用很高明的手段，将其所恃变为所害。袁盎则不然，他比晁错要会看风使舵，他中伤人总能抓住要害。下面就他们所做的二三事进行比较。

在文帝时，袁盎不过是刚入仕的郎中，在文帝身边为侍从。这时绛侯周勃因平定诸吕，拥立文帝，志骄意满，而文帝也因周勃功高，礼之甚恭。袁盎借机向文帝进言道：『丞相（周勃）何如人也？』文帝对周勃正怀感激眷恋之情，便回答道：『社稷臣。』袁盎说：『绛侯所谓功臣，非社稷臣。社稷臣主在与在，主亡与亡。吕后时，诸吕用事，擅相王，刘氏不绝如带。是时绛侯为太尉，本兵柄，弗能正。吕后崩，大臣相与共诛诸吕，太尉主兵，适会其成功，所谓功臣，非社稷臣。丞相如有骄主色，陛下谦让，臣主失礼，窃为陛下弗取也。』自此以后，周勃的处境就不妙了，不得不辞相就侯位。然而在周勃被人诬告而抓进狱中时，袁盎力言周勃无罪，这又就使周勃感激他，『乃大与盎结交』。一石双鸟，上下均不遭怨。还有一次，袁盎安排文帝宠幸的慎夫人的座位时，把慎夫人的座位安排在皇后之下，慎夫人生气，不肯坐，文帝也因此恼怒，竟不入位，带慎夫人回后宫。袁盎因此进言：『臣闻尊卑有序，则上下和。今陛下既已立后，慎夫人乃妾，妾、主岂可与同坐哉！且陛下幸之，即厚赐之；陛下所以为慎夫人，适所以祸之也。陛下独不见人彘（指吕后将戚夫人手足砍去扔在猪圈事）乎！』这不但使文帝转怒为喜，也使慎夫人心服，另赐袁盎金五十斤。由此可见袁盎处事多能抓住要害，对当时的政治斗争看得也很清楚，晁错当然不是他的对手。

晁错与袁盎结怨，现大权在手，足以置袁盎于死地，便使吏按袁盎受吴王财物，将袁盎贬为庶人。不久，吴、楚等七国叛乱，晁错也深知袁盎是其内忧。内忧不去，外患难除。晁错便对下属说：『袁盎多受吴王金钱，专为蔽匿，言不反；今果反，欲请治盎，宜知其计谋。』希望下属为他查找袁盎的参加反叛的痕迹。

当下属以『盎不宜有谋』为辞时，晁错便犹豫不决，难以当机立断，最终又因此走漏消息，使袁盎有转危为安的机会。由此可见，晁错为人处世不如袁盎，其受袁盎之害也是必然的。

袁盎得知晁错欲加害自己，于是托正受景帝眷爱的外戚窦婴为其引见，得以于深夜见到景帝，从容进言。景帝正为吴、楚反叛忧不能眠，与晁错在一起商议军事，见到原来为吴相的袁盎，自然话题就是此事。政敌在场，袁盎若不抓住景帝的心理，非但不能免祸，反而会给晁错以口实，故需相当高的技巧。当景帝问吴、楚反叛之事时，袁盎马上回答：『不足忧也，今破矣！』一下就将景帝注意力吸引过来。景帝说：『吴王即山铸钱，煮海为盐，诱天下豪杰，白头举事，此计不百全，岂发乎！何以言其无能为也？』袁盎得知景帝所虑，便为其释疑说道：『吴铜盐之利则有之，安得豪杰而诱之！诚令吴得豪杰，宜且辅而为谊，不反矣。吴所诱皆无赖子弟、亡命、铸钱奸人，故相诱为乱。』这种分析与晁错所估计相同，故晁错说：『盎策之善。』这就更使景帝关心如何平吴而向袁盎问计。袁盎见景帝入彀，便让景帝屏开左右，将晁错也屏开，得以单独进言。这样做虽招来晁错甚恨，但生死成败在此一举，袁盎只有孤注一掷了。袁盎说：『吴、楚相遗书，言高皇帝王子弟各有分地，今贼臣晁错擅适诸侯，削夺其地，以故反，欲西共诛错，复故地而罢。方今计独有斩错，发使赦吴、楚七国，复其故地，则兵可毋血刃而俱罢。』实际上袁盎这种估计是完全错误的，七国兵已发，犹如离弦之箭，想要收回是不可能的；再者，即使能收回，结怨已深，七国还怕朝廷日后以此报复，势本不能息。这主要是袁盎害晁错以求自安。景帝听了袁盎的话，沉思许久，居然说：『顾诚何如？吾不爱一人以谢天下。』于是，这位忠心于景帝，自恃景帝为后台的晁错，便被景帝定为灭族了。而晁错尚不得知，其被捕杀时，还穿着朝服。

袁盎陷害晁错，使用的就是趁火打劫之计的制造忧患，趁其内外交迫而灭之的手法。于内，他知道君主所关心的是自己的安全和江山万世一系，借此抓住景帝的私心，使景帝的侥幸心理萌发，进而使晁错所恃失去，而内忧生矣。于外，他得知晁错为景帝策划削藩，因与晁错有怨，故意隐瞒吴国实情，使晁错对此问题估计不足，实际上是借外力以反晁错。内外相攻，晁错内忧外患俱至，终被灭族。虽然后来景帝发觉杀晁错是失策之事，也不好再为晁错平反，因为平反就意味着对自己的否定，君主是不肯承当其过的，这正是袁盎的高明之处。

第六计　声东击西

声东击西，大败联军

卫、鲁、蔡、陈、宋五国曾联合攻打郑国。地处中原，位属大国的郑庄公平息了这场战乱后，仍很气愤，觉得这几个小国之所以胆敢进犯郑国，全因宋国从中搞鬼，便决定攻打宋国。这天，他召来群臣问计。

祭足分析当时的形势说：『卫鲁等五国既然曾经联合攻打我们，现在我们一旦攻打宋国，他们也必然会联兵救宋的。这几个国家虽然小，但联合起来的力量也不能小觑。以一敌五，正如俗话说的，双拳难敌四掌，我们恐怕不容易取胜。』

『无论如何我都要狠狠地教训宋国一顿，让它知道我们郑国不是好欺侮的，否则，以后它还会兴风作浪。请各位多给我想想办法！』郑庄公气咻咻地打断祭足的话。

祭足沉思片刻，说：『大王一定要攻打宋国，不如先与陈国结盟，再用重金贿赂鲁国。这样，剩下的卫蔡两个弹丸小国，就算它们援救宋国，也不足为虑了。只有用这样的离间方法，破坏它们五国的联盟，把宋国孤立，我们才能稳操胜券。请大王三思。』

郑庄公采纳了他的意见，立即派使者到陈国，要跟陈国结盟。陈侯知道郑庄公为人老奸巨猾，不能轻信，便拒绝了郑国的结盟要求。郑庄公又按照祭足的计谋，首先指使将士在两国边界频频惹起争端，乘机入侵陈国，大肆掳掠陈国的人和物，借以恐吓威迫陈侯；随后又再派遣使者到陈国，把原先掳掠的东西全部还给陈国，以示联络通好，最后终于用这种软硬兼施的手段，迫使陈国与之签订了盟约。接着又用重金贿赂收买了鲁国。结果，原先的五国之盟就只剩下卫蔡宋三国了。

于是，郑庄公打着周王室的旗号，联合了齐、鲁两国，三国联军浩浩荡荡地大举进攻宋国。双方在边境交战几场后，宋军大败，三国联军长驱直进，兵分几路攻打宋国几处重要城池。宋国境内一时烽烟频起，楚歌四奏，宋殇公吓得胆战心惊，面如土色，急召群臣问计。当下众大臣议论纷纷，有说分兵迎敌的，有说外请救兵的，有说投降的……

掌管全国军政重权的司马孔父嘉力排众议，说：『我们原先的五国联盟中，除了陈鲁两国被诱迫而附从了郑国，尚有卫、蔡两国与我国保持友好关系。我们应当充分利用这种关系，以重金为酬，说服卫蔡援助我们。郑国集中了大部分兵力在这里，国内必定空虚，如果能借助卫蔡的力量去袭击郑国，一定能够成功。而郑庄公闻知本国受困，也一定会停止对这里的进犯，赶回去解国内之围。郑军既退，齐鲁两国就自然不会再留在这里了，我们也就可以不必与敌人死战了。』

宋殇公闻言虽喜，却仍忧心忡忡：『你的计策虽好，但如果不是你亲自前往卫国，卫宣公也未必肯出兵帮助我们。』

孔父嘉慨然应允：『国家兴亡，匹夫有责。臣愿领一支精兵前往卫蔡求取救兵袭击郑国京城荥阳！』宋殇公十分高兴，立即调遣精兵，命孔父嘉为将，携带黄金碧玉锦缎等重礼，连夜奔赴卫国求援。

卫宣公受了宋国的重礼，兼之与宋国的盟国关系，立即派遣大将率精兵随同孔父嘉，取小道出其不意地直逼郑国的京城荥阳。郑国留守的太子和祭足不敢出城接战，急忙传令加强防守，并派人飞报郑庄公。

孔父嘉见郑太子不敢应战，又生一计，率宋卫两国精兵在城外大肆掳掠，所抢劫的人和物不计其数，以激怒郑太子下城应战。郑太子果然被激怒了，披挂妥当，就要出城，却给祭足死死拦住。

卫将见郑国毫无反应，便要一鼓作气攻打荥阳，孔父嘉却劝他说：『大凡偷袭，只不过是乘人不备而侥幸成功；稍有所获，就应当知足而退。而且我们此次的目的是逼郑国退兵，而不是与他们交战。如果郑将出城与我们决战，我们尚可与之一战；如果我们在这里强攻，荥阳是郑国的都城，固若金汤，守备精良，更兼有祭足这样老谋深算的人守城，我们能轻易攻进去吗？万一郑庄公的大队兵马撤了回来，那时，我们就处于腹背受敌的绝境了。反正我们来偷袭郑国，已大有所获，不如见好就收，取道戴国，全军而退，顺便打戴国一个措手不及。估计我们离开郑国时，郑军也应该离开宋国了，我们的目的也就达到啦。』

于是他们率军离开了郑国，转而围攻戴国。

郑庄公统率三国联军在宋国攻城略地，连战皆捷，忽然接到国内告急文书，大惊失色，急忙下令班师。齐鲁两国军队杀得性起，正欲乘胜前进，却闻郑庄公要退兵，十分困惑，便问郑庄公何故。老奸巨猾的郑庄公没有向他们透露本国京城受困的消息，只是说：『我们这次攻打宋国，仰仗贵国的兵威，已取占城掠地之利，足以惩戒宋国了。我们是周天子辖下的仁义之师，就不要斩尽杀绝了。』

于是，三国分别退兵，宋国之危得以解决。

宋、卫两国合兵围攻小小的戴国，满以为一战可胜，焉知戴国军民奋力抵抗，致两军呈相持状态。统率联军的宋将孔父嘉又向蔡国借兵，三国大军把戴国围得水泄不通，眼看破城在即，忽闻郑国派遣上将公子吕领兵救戴，已被戴侯（戴国君）接进戴城去了。孔父嘉大怒，戴城本已唾手可得，现在则不但难以获胜，还得准备迎战戴、郑两国联军的反攻，郑庄公太可恶了！他十分气愤，立即与卫蔡两国将领一起前往前线阵地，观察戴郑两军的动静，部署对付戴郑联军。

就在这时，却听得戴城连声炮响，眨眼间，城楼遍插郑国旗号，公子吕戎装披挂，正在城头拱手大声说：『有劳三国将士连日苦战，我主庄公已取戴城多时了。多多致谢！』

原来郑庄公闻三国联军伐戴，设计令公子吕率兵假装救戴，庄公则混在军中，骗得戴侯开了城门，他们就杀进戴城。戴军已跟三国联军激战多日，战斗力大为减弱，而且一心以为郑军是真正来救援的，从心理到防御都没有跟郑军作战的准备。结果，郑军入城后，立即倒戈杀向戴军，其势如破竹，打得戴军溃不成军。随后，把戴侯驱逐出境。这样，庄公浑水摸鱼，不费吹灰之力，就把一个传承几百年的戴国轻易吞并了。

公子吕一番话，把孔父嘉气得把头盔狠狠摔在地上，大怒道：『今天誓与你郑庄公决一死战！』

宋将公子丑说：『庄公是大奸雄，最善用兵。如果他在我军后面埋有伏兵，我们就被前后夹击了。』

孔父嘉正在气头上，狠狠地瞪了他一眼，说：『你太胆怯了——』话未说完，士兵就来报告，郑国派人送来战书。孔父嘉当即批复：明天决战！

为了不致被郑军从城中突然冲出袭击，他指挥三国联军后退了20里地，与卫、蔡两国将领分左中右三营驻扎，每营间隔3里左右，结成互为犄角之势，自己居中，好及时照应救援左右两侧。到傍晚时分，三军刚分立营寨完毕，兵将还未解下兵甲，战马也未除下鞍鞯，就闻中军寨后一声炮响，接着火光冲天，兵车隆隆，似有千军万马杀将过来。士兵慌张来报：郑军杀到了。孔父嘉立即登车迎战。他才出营房，那火光车声却突然消失，就像根本没有发生过任何事一样。孔父嘉四处巡查一番，仍不见任何动静，只好吩咐回营。

谁知刚入营门不久，又闻左营炮声震耳，火光冲天，杀声不绝，仿如两军混战得难分难解一般。他暴跳如雷，立刻又领兵往左营救应。焉知出得营来，还没走得多远，左营刚才的炮火又已经烟消云散，刚才的一切又好像根本没有发生过似的，把他气得嗷嗷大叫。吸取上次的教训，他派遣将士分散四处警戒，准备随时给干扰的郑军以迎头痛击。

岂料他刚部署完毕，右营那边却又传来隆隆炮声，熊熊烈火又起，人喊马嘶声也隐约从林处传出。孔父嘉明白，这是庄公的疑兵之计。他当即下令：『各路兵马不得乱动，违令者斩！』

不一会儿，左营火光重现，杀声震天。他冷笑道：『庄公老贼，任由你疑兵四布，我就是岿然不动，看你能奈我何！』就在这时，士兵来报：左营蔡军被劫。

『立即去救！』孔父嘉立即传令驾驭的士兵把战车驶往左营。战车甫动，右营火光又起，喊杀声惊天动地，地动山摇，也不知多少兵马在混战。驾驭的士兵停了车，征询他欲往何处。孔父嘉两眼喷火，大声喝道：『别理右营，只管往左，一定要与庄公老贼决一死战！』焉知驾驭战车的士兵方寸大乱，竟晕头转向地把战车往右边驶去。

路上恰遇一队兵马，已被庄公的疑兵弄得无名火起却又无处发作的孔父嘉立即命令向对方发动进攻，双方当即厮杀起来。混战了近两小时，才发现对方原来是卫军。只是到了这时，双方均已筋疲力尽，损兵折将不少了。从卫将口中，孔父嘉才知道，在左营的蔡军遭郑军劫营后，一片混乱，很快就被郑军打得一败涂地，主将身亡，几乎全军覆没，所剩下的一些散兵游勇也逃回蔡国去了。孔父嘉闻讯恼恨交加，却又无可奈何，只好把两军合为一军，欲回中营，中营却又已被郑军袭取。孔急令回军，可是已经迟了，早被郑军从左右两边夹攻。孔父嘉只好与卫军主将分兵迎敌。不一会儿，卫军主将阵亡，卫军溃散。孔父嘉见大势已去，再也无心恋战，拼死杀出一条血路，狼狈而逃。到彻底摆脱郑军时，天已黎明，检点一下随从自己杀出重围的士兵，只剩得二十多人了。

至此，郑庄公用声东击西之计击败了宋卫蔡三国联军，大获全胜。

第二章　敌战计智谋典故

第七计　无中生有

无中生有，计谋害忠

萧望之，字长倩，东海兰陵（今山东枣庄东南）人，后徙杜陵。家世以田为业。至萧望之，好学，研究齐地所传《诗经》。又习《论语》等，成为专家，受到京师诸儒的尊重。汉昭帝时，大将军霍光秉政，诛杀上官杰之后，出入皆列兵自卫。召见吏民时，要先搜身，然后两吏挟持而见。长史丙吉推荐萧望之给霍光，霍光召见萧望之。两吏挟持萧望之而进。而萧望之却受不了这个规定，大闹大嚷，宁愿不见霍光也不愿受人挟持。霍光听见萧望之吵闹，敕吏勿挟持。萧望之到霍光面前说：『将军以功德辅幼主，将以流化天下，致于治平，足以使天下之士延颈企踵，争愿自效，以辅高明。今士之见者皆先露索挟持，恐非周公相成躬吐握之礼，致白屋之意。』霍光很不高兴，独不提拔萧望之，而任用其他几人，萧望之被派去守宫门，同门对他说：『不肯碌碌，反抱关而守邪？』萧望之说：『各从己志。』

霍光去世后，萧望之见霍家权势极盛，有衰败之兆，便上书陈灾异之变。后霍家被灭，萧望之开始受到重用。汉宣帝见萧望之精明持重，议论有余，材任宰相，想试一下萧望之的为政能力，便委任萧望之为左冯翊。萧望之为左冯翊三年，受到人们的称赞，宣帝延他为大鸿胪，向朝廷之建议屡被采纳。后萧望之因非难耿寿昌建长平仓，又和丞相丙吉争执，宣帝不悦，左迁萧望之为太子太傅，以《论语》等教授皇太子。

汉宣帝病重时，选大臣之可属以后事者，召外家亲属侍中乐陵侯史高、太子太傅萧望之，少府周堪至禁中，拜史高为大司马车骑将军，萧望之为前将军光禄勋，周堪为光禄大夫，皆受遗诏辅政，领尚书事。汉宣帝去世后，汉元帝即位，萧望之和周堪做过元帝的老师，因而颇受尊重，数次被汉元帝设宴召见，言治乱，陈王事。萧望之又推荐刘氏宗室刘更生（刘向）和侍中金敞并拾遗左右，四人同心谋议，规划朝政，汉元帝对他们也比较信任。

当初，汉宣帝在世时，不太注重儒术，而多用法律之士，中书宦官开始参与政事。中书令宦弘恭、石显久典枢机，明习文法，也和车骑将军史高相为表里，论议朝政常持故法而不从萧望之等人。弘恭和石显二人不能持正公平，多挑起事端。萧望之以为，中书为国家政治之根本，应选用贤明的人来充任。自汉武帝游宴后庭，为图省力而开始任用宦官，但此非汉家旧制，又违背不近刑余之人的古训。因此，萧望之向元帝建议中书官应选士人充任。而此举正和史高、弘恭、石显之辈相抵触。当时，汉元帝刚即位不久，谦让而重改作，讨论了很久而不能确定下来，刘更生反而被他们排挤出去任宗正之职。

萧望之和周堪是当时很有威望的学者，数次向汉元帝推荐名儒茂材以充任谏官。会稽（今浙江绍兴）人郑朋暗中想依附萧望之，向汉元帝上书告发车骑将军史高派遣门客在郡国地方图谋奸利，以及许家和史家子弟的各种罪过。元帝接到郑朋的奏折后，拿给周堪看，周堪请元帝让郑朋待诏金马门。郑朋又上奏赞扬萧望之说：『将军体周、召之德，秉公绰之质，有卞、庄之威，至乎耳顺之年（六十岁），履折冲之位，号至将军，诚为士人之高致。窟穴黎庶（平民）莫不欢喜，都说国家委任将军诚得其人也。』萧望之接待了郑朋。郑朋几次在朝堂称述萧望之，而攻击车骑将军史高，谈许氏和史氏的过失。

后来，郑朋行为倾邪阴险，萧望之便和他断绝了来往。郑朋和大司农史李宫俱待诏，周堪只推荐了李宫为黄门郎。郑朋因此心怀怨恨，转而投靠许、史两家，将以前的事情都推到别人身上，说：『这都是周堪和刘更生他们教我的。我是关东人，怎么知道这些事情？』侍中许章向汉元帝引见了郑朋。郑朋出宫后，扬言说：『我见了皇帝陛下，谈了前将军的五个小过失，一个大罪。中书令在旁边，知道我是怎么讲的。』萧望之听说后，去问弘恭和石显。弘恭和石显怕萧望之自己向汉元帝倾诉，而使这件事由他人处理，便挟制郑朋和待诏华龙。华龙在宣帝时也是待诏，品行不端，升不上去。想投靠周堪等，不被接纳，这时便和郑朋相勾结，弘恭和石显命他二人向汉元帝告萧望之等人准备斥退车骑将军史高和许、史两家，趁萧望之放假回家休息，让二人入宫上奏。汉元帝将此事交给弘恭处理，萧望之回答说：『外戚之在位者多奢侈淫靡，这样做是为匡正国家，非为个人。』弘恭、石显便告『萧望之、周堪、刘更生等结为朋党，互相称举，数次诽谤大臣，诋毁离间陛下的亲戚，欲以专擅权势，为臣不忠，诬上不道，请谒者召致廷尉』。当时，汉元帝刚刚即位，不知道『谒者召致廷尉』的意思就是下狱，便同意了。后来，元帝要召见周堪和萧望之，左右回答说已关进了监狱，元帝一听大惊，说：『不是讲光廷尉查问一下吗？』召责弘恭和石显，二人皆叩头道歉。元帝下令让二人出狱视事。弘恭和石显去找史高，让史高对汉元帝说：『皇上刚刚即位，未以德化闻于天下，而先验师傅。既然已经将九卿下狱，那就应当审问清楚。』元帝便下诏说：『前将军萧望之傅朕八年，没有其他罪过，今事已久远，志忘难明。其赦萧望之罪，收前将军光禄勋印绶，以及周堪、刘更生等，皆免为庶人。』而郑朋却当上了黄门郎。

几个月后，汉元帝又下诏：『国之将兴，尊师而重傅，故前将军萧望之傅朕八年，道以经术，此功劳非小。其赐萧望之关内侯，食邑六百户，坐次将军。』汉元帝正想倚重萧望之，任萧望之为丞相，正赶上萧望之的儿子萧伋上书讼父亲无罪，事下有司，复奏：『萧望之教子上书，称引《诗经》，失大臣之体，不敬，请逮捕。』弘恭和石显知道萧望之平素志节高尚，不肯受任何屈辱，便对汉元帝说：『萧望之为将军辅政，想排斥许、史二家，专擅朝政。幸得不被治罪，又赐以爵位，与闻政事，不悔过服罪，则圣朝天以施恩厚。』汉元帝说：『萧太傅平素十分刚强，怎么肯让狱吏去审问他？』石显便哄骗汉元帝说：『人命至重，萧望之只是犯了言语之罪，不会有什么事。』汉元帝便同意了。石显等见诡计得逞，立即将诏令交给谒者去敕令萧望之接旨，一面令太常赶快调发执金吾所属军队包围萧望之的家。使者至，召萧望之，萧望之想自杀，夫人拦住了他，以为此非天子之意。萧望之问门生朱云，朱云是个节烈之士，劝萧望之自杀。于是，萧望之仰天长叹，说：『我曾经备位将相，年过六十，老而入狱，苟求活命，那样不是太没有一点骨气了吗？』之后便喝药自杀了。汉元帝知道后大惊，说：『我本来就知道他不肯就牢狱。你们果然杀了我的师傅！』元帝当时正在吃饭，气得连饭也吃不下，哭了起来。之后又召石显等人问情况。石显见奸意已逞，又摸透了元帝的脾气，只是免冠而谢。汉元帝虽然为师傅的死而悲伤，却不知道将罪魁祸首石显等人治罪，实在可悲。

第八计　暗度陈仓

司马征辽，智擒公孙

春季，正月，明帝从长安召回司马懿，命他率4万人讨伐辽东。参与谋划的大臣有的认为4万兵员太多，军费难供。明帝说：『四千里远征讨伐，虽说要用奇兵，但也应当依靠实力，不应太计较军费。』明帝问司马懿：『公孙渊对您将用什么计策？』司马懿回答说：『公孙渊弃城逃走，是上策；据守辽东抗拒大军，是中策；如死守襄平，必被活捉。』明帝说：『那三者中他将采用哪一种？』回答说：『只有明智的人，才能审时度势，客观衡量敌我双方的力量，才会预先有所舍弃。这不是公孙渊的能力能及的，他会认为我军是孤军远征，不能支持很长时间，一定是先在辽水抗击，然后退守襄平。』明帝问：『往返需要多长时间？』回答说：『进军一百天，进攻一百天，返回一百天，六十天为休息日，这样，一年就足够了。』公孙渊听到司马懿讨伐辽东的消息后，再次派遣使节向东吴称臣并要求救援。东吴打算杀掉来使。羊衜说：『不可，这是发泄匹夫一时怒气，而破坏称霸的大计，不如趁势厚待他，然后秘密派遣奇兵要公孙渊归附。如果魏讨伐公孙渊不能取胜，而我军远赴救难，便有恩于远方夷族，赴义的形象将传之万里。如果双方交战难解难分，辽东前方、后方分隔，我们就在它边陲郡县，驱逐劫掠而归，也足以表达上天的惩罚，雪往日之恨了。』吴主说：『好！』于是大规模地集结部队，并对公孙渊的来使说：『请回去等候音信，我一定按信上的要求去做，和公孙渊情如兄弟，一定休戚与共！』又说：『司马懿所向无敌，我深为老弟担忧。』明帝问护军将军蒋济道：『孙权会救援辽东吗？』蒋济说：『孙权知道我们戒备森严，他无利可图，援军深入力所不及，不深入又徒劳无功；即使是儿子、兄弟处于危境，孙权也不会救援，何况是异域他国之人，加上以前还被公孙渊羞辱过。如今宣扬出兵救辽，不过是欺骗辽东来使，使我们产生疑惧，一旦我们不能攻克，希望公孙渊会向他臣服。可是沓渚县离公孙渊所在地很远，如果大军受阻，与对方相持不下，战斗不能速决，那么孙权的临时决策，或者轻兵突袭，就不好预料了。』

公元238年6月，司马懿大军到达辽东，公孙渊命大将军卑衍、杨祚带领步、骑兵数万人驻扎在辽隧，围城挖掘了20余里长的壕沟。魏军将领们想要入城，司马懿说：『敌人所以坚守壁垒不肯决战，是打算拖死我军，现在进攻，正中其计。而且敌人主力在此，他们的老巢必定空虚，我军直攻襄平，必定能够攻下。』于是打出许多旗帜，假装向南方出动，卑衍等率全部精锐部队随之向南。司马懿率军暗中渡过辽河，向北直扑襄平。卑衍等大为惊恐，率军连夜撤回。魏各路大军进抵首山，公孙渊再让卑衍等迎战。司马懿进击，大败卑衍，率军包围襄平。秋季，7月，连降大雨，辽河暴涨，运粮船队从辽口可直达城下。大雨一个多月不停，平地水深数尺，魏三军恐惧，打算迁营，司马懿下令军中：『有敢说迁营者斩！』督督令史张静违犯禁令，被斩，军心才安定下来。敌人依仗水势，砍柴放牧依然如故，将领们想要俘获他们，司马懿都不准。司马陈珪说：『从前攻打上庸，八支部队同时进发，昼夜不停，所以能用16天时间攻克坚固之城，斩杀孟达。这次远征，反而安逸缓慢，我暗暗疑惑。』司马懿说：『孟达兵少但存粮可支一年，我军四倍于孟达，但粮食不能支持一个月。以一个月图谋一年，怎么可以不急速？以四个兵士攻击一个敌人，即使丧失一半也能够攻克，都应当去做，所以不顾死伤地强攻，是与粮食竞争啊！如今敌众我寡，敌饥我饱，何况雨水如此之大，攻力无法施展，虽然应当速战速决，又有什么办法呢？自打从京师出发，不担心敌人进攻，只害怕敌人逃跑。如今敌人粮食就要耗尽，可是我们的包围尚未完成，抢掠他们的马匹，抄袭他们的樵夫，这是故意逼迫他们逃走。用兵是诡诈之道，要善于根据具体情况随机应变。敌人凭仗人多雨大，虽然饥饿，还不肯束手投降，应当显示出我们无能以稳住他们。如因贪小利惊跑他们，不是好计策。』朝中听说大军遇雨，一致打算退兵，明帝说：『司马懿有能力临危控制变故，捉住公孙渊指日可待。』雨止，司马懿马上合拢包围圈，堆土山，挖地道，用楯干、橹车、钩梯、冲车，日夜攻城，箭与雷石密下如雨。公孙渊窘迫危急，粮食耗尽，以至人与人互相残食，死亡极多，部将杨祚等投降。8月，公孙渊派遣相国王建、御史大夫柳甫向司马懿请求解围退兵，公孙渊君臣定当自缚而降。司马懿命斩来使，用檄文通知公孙渊说：『楚国和郑国地位相等，可是郑伯还光着脊背牵着羊出城迎降。我是天子的上公，而王建等想要我解围后退，难道合乎礼节吗？这两个老家伙，传说不明，已被我杀掉。如果还想请降，就另派年轻有决断的人前来。』公孙渊又派侍中卫演出请求指定日期，派送人质。司马懿对卫演说：『军事上大的要诀有五条，能战则战，不能战就坚守，不能坚守就逃走。其余两条，就只投降和死路了。公孙渊不肯自缚而降，就是想死，不必送人质！』壬午日，襄平城败溃，公孙渊与其子公孙修带数百骑突围向东南逃走，魏大军追击，在梁水边杀了公孙渊父子。司马懿攻入襄平城。诛杀城中公卿以下官民7000余人，积尸封土，筑成京观，辽东、带方、乐浪、玄菟四郡全部平定。公孙渊要反叛时，将军纶直、贾范等苦苦相劝，公孙渊把他们都杀了。司马懿于是堆上加高纶直等人的坟墓，让他们的子弟显扬，释放了还在囚禁着的公孙渊的叔父公孙恭。中原人想返回老家的，也听其自便。然后司马懿班师回朝。

第九计　隔岸观火

太宗登位，坐山观斗

宋开宝九年（公元976），宋太祖赵匡胤病逝，弟弟赵（匡）光义嗣位登基，即宋太宗，改年号太平兴国。

赵匡胤死后没有传位儿子，而且皇位给弟弟继承，主要是总结了后周朝廷因幼主嗣位，被自己兄弟发动陈桥兵变，黄袍加身，一举而篡夺天下的教训，担心传幼子之后，被别人以自己使用的故技，加害到大宋赵家的皇帝身上。早在建隆二年（公元961），杜太后病危时，就把太祖匡胤和谋臣赵普叫到病榻前，当面问赵匡胤：『知道因为什么原因你得到天下登上皇位的吗？』赵匡胤说是托祖宗及太后的余庆。杜太后说：『错了，是因为后周柴氏以幼主主宰天下。若是后周有成年君主，你就不会有今天了。你与光义都是我的亲生儿子，你百年之后，应当传位给弟弟光义，然后光义传位给弟弟廷美，廷美死后再传位给你的儿子德昭。天下地广事多，能立成年君主，这是造福社稷的事情。』宋太祖事母忠孝，谨守母训，当即答应杜太后，并命令站在身边的赵普把太后遗训记下，赵普赶紧听命，记录完毕后，还署上『臣普记』字样。太祖亲手封藏在金匮中秘密保存。

宋太祖赵匡胤着眼于赵宋王朝的安危，死后果然让位于弟弟。太祖皇后宋氏开始也想立自己的儿子，但被赵光义安插在身边的私党做了手脚，遣使召当时还是晋王的赵光义进宫入承大统，宋皇后对他说『我们母子的身家性命，全部托付给你了』，光义当面泣告，发誓说：『一定共保富贵，请勿担心忧虑。』但是赵光义一登大位，所言所行就大不相同。兄长赵匡胤有四个儿子，两个已经夭折，剩下德昭、德芳，当时德昭25岁，已是成人，最有可能继位。所以赵光义首先把目标指向德昭。太平兴国四年（公元979），赵光义带德昭出征幽州时，光义故意试探，令人散布谣传说皇帝不知下落，果然就有人想立即拥戴德昭称帝。太宗发现德昭上台可能性很大，出征返师回京后，以此出征未取得大胜为由，迟迟不予论功行赏。赵德昭善意劝谏，促叔叔光义速决此事，赵光义见侄子劝言，故意用语刺激德昭：『等到你做皇帝时，再行赏也不晚嘛』，嘲讽德昭擅自干政。赵德昭性格耿直，善意为国，反取折辱，回府后思绪不平，自刎而死。两年之后，他的22岁弟弟赵德芳也病死。这样来自兄长宋太祖一支威胁太宗后代继承皇位的危险彻底消除了，下一个目标就是赵光义的弟弟廷美了。秦王廷美作为光义之弟，按太后遗训，当在赵光义死后上台继位。他看到了赵光义在长兄宋太祖时，扩大势力，为后来顺利上台奠下扎实基础，于是也想仿效，除了秦王府内早就豢养了一批幕僚将官，新近还同当朝宰相卢多逊搭上了钩。这卢多逊原来是赵光义晋王府重要的爪牙，中过进士，宋太祖时，官至中书舍人，参知政事。太宗一上台，任命他为中书侍郎，平章事，做了当朝宰相，予以重用。卢多逊与秦王廷美相勾搭一事，很快有人上报给太宗光义，赵光义虽然十分恼怒，但虑及此事关系到皇位继承大事，事牵太后遗命中的未来皇帝和在朝宰相，而且朝廷群臣到底什么倾向，自己还没有十分掌握，就想在朝中寻找卢多逊的政敌，促其内部互攻，既可以无损自己，又可以坐收别人攻敌之利。于是宋太祖时期的宰相赵普被召入京都，想利用赵普与卢多逊的矛盾，达到驱除卢多逊、廷美的目的。

赵普是宋朝的开国元勋，赵匡胤上台代周就得力于他的计谋，其后一直作为宋太祖重要的政治谋臣被重用。太祖乾德二年（公元964），迁升门下侍郎、宰相、集贤大学士，独居相位，处理大宋国政。可是因为敛财受贿，私运木材扩展府第，加上结姻亲枢密使李崇矩，被太祖冷淡。就在此时，当时身为翰林院学士的卢多逊，每有召时，总是攻击赵普，导致开宝六年（公元973）赵普被罢相，贬到河阳，做了一个三城节度使。赵普视卢多逊为不共戴天的宿敌，所以听到太宗召还入京消息，连日起程返都。

太宗对秦王廷美和卢多逊的暗中活动，一开始没有采取过激措施，担心两人受到刺激在朝中联手反击，所以当一些卢多逊同僚因不满卢的专权，上折密告卢和廷美时，他没有立即动手罢免多逊，只是对一些告密者奖励，如对密告卢多逊的左拾遗田锡，赏钱50万。他这样做的考虑有两个：一是暗中鼓励卢的政敌进一步告发，促使相互攻伐。二是赵光义认为这些人还不足以制敌卢多逊、廷美，尚须更高一级的政敌出现，引发更加激烈的政争，才能做到在敌方凶残反目的时候，一网打尽，坐收渔利。所以他召还赵普后，复赵普相位，以牵制廷美和卢多逊。

赵普复相后，卢多逊果然感到深深不安，而赵普位列开国勋旧，秦王廷美也自感难以凌驾，主动提出让出自己首辅地位，前推赵普。赵普再相，总结了前次被太祖罢相的教训，极力讨好太宗赵光义，他把自己当初与太祖受太后遗命的故事，详加叙述，还说自己要『备位枢机以察权变』。于是大力攻击政敌卢多逊，痛陈卢多逊以势欺压，结交私党，专权用事等情况。太宗看赵普上钩，随即命令赵普调查卢多逊与秦王廷美勾结一案。

赵普拿到赵光义给的尚方宝剑，不遗余力地明察暗访。廷美位居秦王，身为皇族显贵，卢多逊位列宰相，执朝纲权柄，两人都是居一人之下、百官之上的高位人物，平日与朝臣将官交结往来很多，如有意查找此类关节过失，自然不是难事。赵普还把卢多逊廷审杂治，卢多逊在赵普势逼下，供认自己曾遣派心腹属官密告秦王廷美朝中机密，向秦王输诚投靠，还对秦王说过：等太宗死了，我将尽力侍奉秦王。秦王也以弓矢回赠自己，以增信任。赵普抓到了卢多逊的罪证，认为他勾结秦王，阴谋篡夺是大逆不轨的重罪，立即上报宋太宗。宋太宗当然顺水推舟，命削去卢多逊的官爵，与家属一道配流崖州（今广东海南岛南部）。秦王廷美在太平兴国七年（公元982）就被免开封府尹，出为西京留守。此次赵普特意向赵光义建议：『太祖已经失误，陛下岂可再误。』鼓动赵光义去秦王，心怕哪天秦王上台，自己落个悲惨下场。所以当审查卢多逊案时，他极力把卢多逊案件往秦王身上引，借机株连，以免后患。卢多逊供认后，他立即授意开封府尹李符，以廷美与卢多逊交通，要求把秦王再度远贬。李符还诬告秦王在留守西京期间，不思悔改，埋怨皇上，『不利朝廷』。赵光义视秦王廷美为自己身边隐患，赵普等人如此卖力邀功，乐得他心花怒放，立即诏令将廷美为涪陵县公。安置房州（今湖北房县），不许外出，一年后，廷美整日忧悸之下，病死贬所。

赵廷美和卢多逊一去，使赵匡义顺意地传位给自己的子孙的计划得以实现。杜太后的『兄终弟及』的遗训被彻底抛在一边，而宋太宗赵光义一支的嫡长子继承制度取得了稳固的地位。从此以后，赵宋皇位都是在太宗后代手中，延续传继。赵匡义利用隔岸观火之计，在卢多逊、廷美相互勾结，势力逞强的时候，尽管朝中卢多逊的一些政敌，也攻击卢多逊，但不足以制胜。所以采取静观时变的态度，密切观察二人动向，以确定下一步策略，后来又调入开国元勋的赵普，利用赵普和卢多逊的水火不容关系，暗中助其互相攻伐，挑起更大的火并，一举把卢多逊、秦王廷美赶下权坛，远贬荒芜之地。赵普赶走了卢多逊，自以为出了一口怨气，未想到有赵宋第一谋臣之称的他，也有老来失手的时候，他的宰相之位还未焐热，紧接着，赵光义就向朝臣宣布：『赵普有功于社稷国家，与朕是昔年故旧，现在花甲已过，已是白发上头，牙齿松落，念及旧情，再也不忍让他辛苦劳累，应当择一善地，以尽享晚年。』赵普马上收捡行装，乖乖地到他的『善地』邓州，做一个武胜节度使去了。

第十计　笑里藏刀

陆逊带笑，吕蒙出刀

关羽水淹七军，擒了于禁，斩了庞德，威震华夏。曹操得到樊城的战报后，十分惊恐，动了迁都的念头。司马懿向曹操进计说：『于禁大军覆没，并不是我军军力不强，而是遭到水淹所致，不必忧虑。刘备、孙权表面结盟，内里疏远。如果关羽得志，孙权必然不愿意。现在可以派人去劝说孙权，让他偷袭关羽后路，我们答应把江南土地割让给他。这样，孙权一定会起兵，关羽回救不及，还敢再打樊城吗？』曹操应允，一面令徐晃领兵5万救援樊城，一面派使者去东吴。

孙权接到曹操的书信，一看是约他夹攻关公，满口答应，并立即召集文武大臣商议。此时镇守陆口的大将吕蒙赶回京城，积极建议孙权趁机夺取荆州，孙权答应了，可是等吕蒙回陆口做进攻荆州的准备时，探马报得，关羽在进攻樊城之时，在荆州沿长江北岸一线，或20里，或30里，选择高阜处设一烽火台，每台用50人守卫，遇有敌情，晚上举火为号，白天则举烟为信。而且荆州军马整肃，预有准备。吕蒙有些失望了，心想自己劝孙权趁机夺取荆州，可现在又无计可施，如何是好？正在此时，孙权派陆逊前去劳军，吕蒙与陆逊终于思得一条托疾麻痹关公的计策。吕蒙给孙权写了一封密信：『关羽进攻樊城，后方守备兵员很多，是怕我攻打他的后路。我常有病，请您以治病为名把我调回建业。关羽听到消息，定会撤退后方的兵员，尽赴襄阳。那时，我们可以大军渡江，昼夜前进，乘虚打下南郡，活捉关羽。』

孙权马上公开发出命令，『召吕蒙回建业治病』，孙权问吕蒙谁可以代替他把守陆口，吕蒙说：『陆逊眼光远，计划长，他的才能可以担此重任。而且他还没有什么名气，关羽肯定瞧不起他。如果任用陆逊，让他外表收敛锋芒，内里审时度势，然后伺机进攻，大事可成。』孙权当即任命陆逊为偏将军，代替吕蒙守卫陆口。

陆逊刚到陆口就给关羽写去一封极尽吹捧之能事的信。吹捧之余，接着写道：『您水淹七军，俘获于禁，远近赞叹，都说将军的功劳足以流芳百世，不亚于当年的晋文公城濮之战和韩信背水破赵之功。听说徐晃带着少数骑兵，企图对抗您。曹操很狡猾，虽然曹军师老，但还很骁悍。况且大捷之后，容易轻敌。古人用兵，越胜越警，愿将军全面考虑方略，争取全胜。我是个小小书生，学疏力短，不能胜大任。幸喜同将军这样有威有德的人为邻，愿意把我的想法都倾诉出来，虽然不一定合适，但是做个参考也好。』

关羽听说替吕蒙守陆口的是个无名书生，接着又收到这书生小将的信，一口气读完，不由得满心喜悦，认定了这陆逊对自己毕恭毕敬，南线可保安全，就下令后方军队北调，支援襄、樊战场。

陆逊得到这一消息，大喜过望，立即回报孙权，于是孙权重拜吕蒙为大都督，总制江东诸路军马。吕蒙点兵3万，快船80余只，为了不被沿江的关羽岗楼和烽火台发现，就让精兵藏在大船的舱里，留少数人穿着当时只有商人才穿的白衣服，在船上摇着橹一直向北岸划去。江边的荆州守军人数不多，看见过来这么多白衣人，当然要下来盘问。扮着商人的吴兵说：『我们这些做买卖的，在江上遇到了大风，请让我们在这里躲躲吧。』说着，拿出许多财物送给守军。守军相信了他们的话，又加上得到那么多的财物，就任凭白衣人把船靠停在江北，不再过问。到了半夜，艨艟中精兵齐出，将烽火台上官军缚倒，暗号一声，80余船精兵俱起，将紧要去处墩台之军尽行捉入船中，不曾走了一个。于是长驱直进，径取荆州，无人知觉。将至荆州，吕蒙将沿江墩台所获官军，用好言抚慰，各各重赏，令赚开城门，纵火为号。众军领命，吕蒙便教其为前导。时至半夜，到城下叫门。门吏认得是荆州之兵，开了城门。众军一声喊起，就城门里放起号火。吴兵齐入，得了荆州。后来还借与曹军形成南北夹攻之势，兵败关羽，将其杀害，一代英豪死于麻痹骄敌之中，这是后话。在这里东吴吕蒙和陆逊利用关羽的骄矜自负，故意极言奉承，使得关公失去警觉而突发奇兵，攻陷了荆州，使蜀失去了重要的战略要地。

口蜜腹剑，祸及朝纲

李林甫是唐玄宗做皇帝时有名的奸臣和阴谋家，他依靠狡诈计谋，攀附权贵，阿谀明皇，打击排斥异己，从开元二十二年（公元734）五月至天宝十一年（公元752）十一月，霸居宰相职十九年，是玄宗时期在位最长的一位相臣，在位期间，因无德无才，别无建树，倒是被朝臣异口同声地公认他『甘言如蜜，肚里铸剑』，后世『口蜜腹剑』一语即由此得来。

李林甫小名哥奴，出身唐宗室，算起来还算是唐明皇李隆基的远房叔父。他因不善学业未能入仕登科，起初做一个太子府里的千牛直长，但他很会巴结钻营，厚颜无耻地投靠。如攀附御史中丞宇文融、唐玄宗的哥哥宁王李宁、私通武三思女婿侍中裴光廷的夫人、贿赂玄宗宠妃武惠妃，交好大宦官高力士等人，由此他官升刑部尚书、吏部尚书、礼部尚书，最后终于当上中书令兼集贤殿大学士，爬上了大唐的相位。从他掌权开始，凡是被皇帝器重的人，或者自己睁眼看不上的人，或视为异己政敌的对手，他一定施百计倾轧出朝，而且李林甫打击别人还有一大绝招，就是『阳与之善，啖以甘言而阴陷之』，就是说他要陷害一个人，表面上总是装作亲热和好的样子，用甜言蜜语引诱别人说出自己的过失，然后背过身子私下密告，驱除对方。例如他排挤打击严挺之、卢绚、李适之等人，就是典型的事例。

严挺之是朝廷中一个正直官僚，曾任中书侍郎，因为李林甫推荐的户部侍郎萧炅腹中空空，读文时把『伏腊』居然念成『伏猎』，严挺之告诉了宰相张九龄，说大唐朝廷怎能有『伏猎侍郎』，因而萧炅被降为岐州刺史。李林甫本身不学无术，最忌文人学士炫才，当他知道是严挺之从中活动之后，由此衔怨，加上当时张九龄推荐严挺之为相，要严交通李林甫，严挺之以李林甫为鄙薄少德之人，拒绝登李门拜访。李林甫知道后，更加痛恨，于是趁着严挺之有一次为其前妻的丈夫下狱辩护的时机，以莫须有罪名密告玄宗，结果严挺之被贬职削官，远徙外地。天宝元年（公元742）的一天，唐明皇突然想起了朝中处事果断的干才严挺之，就问李林甫：『严挺之现今在哪里？他是个人才，可以重用。』李林甫一看玄宗要用政敌严挺之，虽知其正在绛州刺史任上，但故意不说。下朝后他把严挺之的弟弟严损之请到府中，装出非常亲密关心的模样，与损之促膝谈心，叙说旧情，说要引荐损之为员外郎。又以关心其兄弟的口吻对他说：『皇上很惦念尊兄，可惜他远离天颜。尊兄为什么不趁机奏称有风疾，奏请皇上准予回京治病，这样就可以见到皇上，能得重用了。』严损之听信了李林甫的话，回家后给家兄写信，告诉京中近况。严挺之不辨真假，没有慎重考虑，果然上表朝廷，推说自己有病，想回京就医。李林甫接到奏表，赶紧奏告明皇：『严挺之已年老体衰，得了风疾，不能理事，可以让他做一闲官，就近治疗养病。』明皇见到严挺之的亲写奏表，只好感叹可惜。天宝元年（公元742）四月，晋升严挺之为太子詹事，员外同正，安居洛阳养病。李林甫的暗算，既使明皇重用严挺之一事落空，又驱除了朝中与己有隙的政敌。

兵部尚书卢绚伟岸英俊，风度翩翩，一日走过勤政楼下，被楼上观看歌舞的唐明皇望见，赞叹其风流蕴藉，目送至远。李林甫从亲信处得知明皇喜爱卢绚，就嫉妒卢才表过人，害怕他被重用，危及自己之位，赶紧把卢绚的儿子找来，对他说：『现在交州、广州需要人才，令尊尊崇清静，皇上想以令尊外出居官，不知你们愿不愿意去，如果害怕远行，可能要被降职。』卢绚在朝居高位，一家安居繁华的长安城内，当然不愿意远行广州。李林甫也拿算好卢绚一家的心理，所以接着又说：『这样吧，我可以给你们帮个忙，让令尊到洛阳去任太子詹事或太子宾客，两个都是肥缺，愿意吗？』卢绚畏惧李林甫的权势，既担心降职，又不愿意出京都，于是上朝请求做宾客虚事。李林甫考虑卢绚无缘无故被降职，招人耳目非议，先任卢绚为华州刺史，卢到任未及月余，李林甫就在朝中诬称他有疾病，不能处理华州繁杂政务，又改任他为太子詹事，员外同正。这是一个编外闲差，实际上等于挂职休闲。

户部尚书裴宽勤于政事，一度被唐明皇器重，他又和另一宰相李适之要好。李林甫不愿他被提升为丞相，就想排挤他。一次，刑部尚书裴敦复因平叛海盗，返师回朝，因受人请托，乱报军功。裴宽知道后，向明皇提到此事，但没有深讲。李林甫暗地里把裴宽奏告皇上事告诉裴敦复，敦复说『尚书也曾托我请功家属』，李林甫便鼓动裴敦复上报明皇，密告裴宽。裴敦复听信李林甫之言，以重金贿赂，走了杨贵妃姐姐的门路，请她转告玄宗。不久明皇就贬裴宽为睢阳太守，李林甫借别人之手，不动声色地又除掉了一个潜在对手。

李适之出身皇室，居官时赈济灾民，体恤百姓，卓有政绩，为人正直亦宽怀大度。天宝元年八月，一意迎奉李林甫的庸相牛仙客病死，唐明皇任命李适之为副相，和李林甫共同理政。李林甫有心排斥李适之，一次他假惺惺地对李适之说：『华山有金矿，如能开采，可以富国，皇上对此事还不知道呢？』李适之初次入相，对李林甫的本质认识不清，以为李林甫所说得有理，很快奏明玄宗，玄宗非常高兴，便去问李林甫，李林甫故意说道：『这个情况我早就清楚，但华山是皇上的本命，王气所在，有金矿也不能开采，所以我一直没有报告。』唐玄宗听李林甫这样一说，对李适之开始看轻，斥责李适之：『今后奏事，要先跟李林甫商量，不要这么轻率。』李适之当时还兼兵部尚书一职，驸马张垍与李林甫有矛盾，垍的哥哥张均时任兵部侍郎，李林甫为了搬倒李适之和张均，密遣心腹诬告兵部铨选官吏时有舞弊现象，结果六十多人被告发受刑讯，李林甫任用酷吏吉温，先用严刑拷打，重狱示儆硬是以威逼供，锻炼成狱，许多人因此被免官革职。李林甫因为要打击李适之，凡是朝中与适之亲密往来的官吏，如户部尚书裴宽、刑部尚书韦坚、京兆尹韩朝宗等，都被李林甫诬陷治罪。到了天宝五年四月，李适之被逼辞职。他的儿子邀请朝官在家聚宴，因为群臣皆怕李林甫，竟然没有一个人敢来李适之家赴宴。后来李适之被李林甫一手制造的韦坚案株连，贬为宜春（今江西境内）太守。天宝六年（公元747）正月，李林甫另一位心腹酷吏罗希奭到各个贬地巡视，李适之听说后害怕遭受酷刑，饮药自杀。

李林甫还善于利用当面一套，背后一套，讨好和欺骗唐明皇，以便于自己专权用事。开元二十年（公元732）左右，李林甫刚当上副宰相，当时张九龄任中书令，裴耀卿任侍中，二人学才博洽，忠良正直，尤其张九龄，好直谏。李林甫认为二人是阻挡自己独掌权柄的障碍，一心想除去，但他知道明里硬碰，自己力量还弱，于是玩弄善身之术，『媚事左右，迎合上意』。对张裴两人客气恭敬，表面说好话，予以称赞。背过二人在玄宗面前，则拨弄是非，迎合玄宗之意，指责张、裴两人的不是。开元二十四年（公元736）十月，唐玄宗巡游京都洛阳，原打算次年二月还长安，因为宫中偶发小事，玄宗迷信，想立即返回长安，于是召三位宰相商议，张九龄、裴耀卿两人认为时值三秋农忙，皇上一路返都惊扰沿途官民，影响秋收，建议推迟到冬季返归。李林甫对二相的议论当面不表态、不反对，等到退朝时，他假装腿痛，独留在后，玄宗问其缘故，他对玄宗说：『臣下非有腿疾，而是希望奏明事情。长安、洛阳都是皇上的两宫，车驾往来东西，何必等什么时机？如果担心妨碍农事，只要赦免车驾沿途两地的租赋就行了，请让我负责处理此事。』贪图享乐奢侈的玄宗本来就讨厌张、裴两人的谏诤，听了李林甫的甜言蜜语，自然是极为高兴，立命起驾而行。也就是同年，唐玄宗想把朔方节度使牛仙客升为尚书，张九龄谏议说：『尚书一职一般用旧相补升，或者是任过朝中要员，又有很高人望的人担任，牛仙客由河湟小吏一下升高官，会招来人议。』玄宗又想实封牛仙客，张九龄对李林甫说：『封赏大臣应是名臣大功，委任边地军将很重要，不是马上可以议定的，我两人要在皇上面前力争。』李林甫当面表态，同意张九龄意见。但是面见玄宗时，只有张九龄一人力谏，李林甫站在旁边一言不发。张九龄走后，他对玄宗说：『牛仙客是做宰相的材料，何况一尚书，张九龄是书呆子，不识大体。』退朝后他又把张九龄的话泄露给别人，导致牛仙客到玄宗面前泣诉。玄宗心动，拟马上赐封，张九龄又上朝劝谏，用道理说得玄宗无话可辩，李林甫见状，私下讨好玄宗：『天子用人有什么不可以行的。』玄宗称赞李林甫不专断用事，由此以后，逐渐冷淡张、裴两相，过了月余，就把二人罢免，以李林甫为正相、牛仙客为副相，牛居相位后，一切唯李林甫所言是从，朝廷权柄实操李一人之手。

我们从以上所举史实，可以清楚看出，李林甫作为一个阴谋家，为达到专权用事目的，熟练玩弄笑里藏刀计谋，表面上予人温柔恭顺形象，好像可亲可近，实际上暗藏杀机，在其笑面背后下设悬崖陷阱，人们无以测深浅，一旦为其迷惑上当，不死即伤。李林甫靠此术逐步排斥异己，张九龄、李适之等贤才忠良，一一被贬逐杀害，在他的专断跋扈下，加上唐玄宗自己的昏庸放纵，唐初比较清明的朝政风气为之一变，正是在此时，埋下了后来安史之乱爆发的祸根。

第十一计 李代桃僵

诛杀成济，遮掩祸心

纵观历史上朝代的更迭，前朝的腐败固然是一个方面的原因，而篡权之人则必是一个擅用手段之人。比如在西晋代魏的过程中，司马昭就发挥了重大作用，他擅用计谋，为了篡权不择手段。

公元260年，司马昭以大将军拜相国，封晋公，加九锡，独揽魏国朝政。是时魏高贵乡公曹髦为魏帝，他年龄虽小，但心有雄志，被朝臣誉为『才同陈思（曹植），武类太祖（曹操）』，可是朝中上下都是司马昭的心腹亲信，自己被紧紧控制住，丝毫不能有所作为。上年正月，有人上报朝廷，说有黄龙两次出现在宁陵井中，以为祥瑞。可是曹髦心里清楚，龙象征着君德，现在上不在天，下不在田，却单单屈居于井中，怎能说是吉祥的兆头呢？他联想到自己类似傀儡的处境，不由得哀叹，随口吟了一首《潜龙诗》，自我解嘲。诗曰：『伤哉龙受困，不能跃深渊。上不飞天汉，下不见于田。蟠居于井底，鳅鳝舞其前。藏牙伏爪甲，嗟我亦同然。』曹髦把自己比作居身于井的飞龙，而被泥鳅、黄鳝之类的爬虫爪牙所欺侮，其意明显是指向司马昭，发泄心中怨恨。这首诗后来被司马昭阅得，他马上与谋臣贾充商量，贾充明确告诉司马昭：『一定要早早准备图谋曹髦。』司马昭点头同意，要贾充做好准备。

曹髦自景元元年（公元260）五月加司马昭九锡之后，对司马昭包藏祸心的所作所为，愈来愈不能忍受。五月初七，曹髦召侍中王沈、尚书王经、散骑常侍王业进宫密商。曹髦说：『司马昭篡魏的野心，是大街上行走的路人共知的。朕不能坐等被废黜的耻辱，今日，我同卿等一起商计共讨此贼的计策。』三人一听魏帝如此说话，大吃一惊。王经立即站起说：『古时候鲁昭公因为不能忍受季氏的专权，失败而逃，丢掉了国家，还为天下人耻笑。当今魏国朝政大权，掌握在司马氏手中已很久，朝廷之上，四方之臣，都为司马昭效命。而且陛下宫中宿卫很少，宫门力弱，陛下凭借什么同司马昭相斗？如不三思而行，缓而图之，就如身患重病的人吃猛剂之药，疾病未除，反而病深，祸害更大了。』曹髦年少少谋，一时气盛，也不计后果，武断地说：『朕意已决，即使死，又有什么可怕，何况还未必谁生谁死呢？』说完从袖中扔出早已写好的黄绢诏书给三人，自己进内宫禀告太后。王沈、王业害怕司马昭的威势，魏帝一转身，他俩就跑到司马昭府中告密。王经不愿意卖身投靠，径自回府去了。

第二天，曹髦拔剑登辇，率领殿中宿中官童数百人，杀向司马昭相府。司马昭接王沈、王业密报，早已令中护军贾充严密准备。魏帝领兵到南阙时，与贾充迎面相战，贾充所领兵士有千人，曹髦奋力冲杀，走在前面。众兵见魏帝冲来，赶紧后退，贾充的部下、被司马昭私封为太子舍人的成济急忙问贾充道：『事情紧急了，该怎么办？』贾充大声说道：『司马公蓄养了你们这么久，正是为了今天，今天的事还用问什么！』成济接贾充命令，连忙挥戈上前，一戈刺向曹髦胸口，曹髦挥剑抵挡不及，戈当胸穿过，立即丧命辇中，余下之人一看魏帝已死，一哄而散。司马昭坐在府中正在静等消息，接到手下报告曹髦已死，心中大喜。但他表面上装出悲痛的样子，立即奔到朝殿，跪在地上痛哭。又命群臣入殿商议，独有尚书左仆射陈泰抗命不来，最后还是司马昭逼着陈的舅父荀觊请他来，陈泰才上朝。司马昭问陈泰：『玄伯，今天你怎样对待我呢？』陈泰说：『只有斩杀贾充，才能稍稍安慰天下人心。』司马昭不愿让他的重要心腹谋臣做替罪羊送死，就对陈泰说：『你再想想其他。』陈泰说：『我只想到这些，不知其他。』

司马昭见陈泰一定要杀贾充，自己心念一动，就把杀死曹髦的责任全部归罪于成济。立即令手下起草诏书，然后进宫逼郭太后下诏，诏书曰：『魏帝曹髦性暴戾，造作悖逆不道之言诽谤太后，甚至鸩毒太后，伤害大将军。曹髦悖逆不道，自陷大祸，着废为庶人，以民礼安葬，使内外皆知此儿所作所为。』诏书一下，司马昭就要手下捕拿成济，成济心中不服，登屋拒捕，并将司马昭、贾充的幕后指使大声地全盘托出，结果被贾充令人放箭射杀。尚书王经，因为未同王沈等人主动告密，也被司马昭下令收捕，王经一家连同白发老母一起被斩杀街市。行刑之日，满城之人都为其母子悲哀落泪。

五月二十六日，司马昭为进一步掩饰自己杀君之罪，又上殿向太后奏告，他说：『前次高贵乡公驾车率兵，拔刀鸣鼓冲向臣的住所，我害怕兵刃相接，伤及公身，立即敕令手下将士不得有所伤害，违令者以军法处置。但是骑督成倅的弟弟太子舍子成济冲出兵阵，击伤高贵乡公且致公死去。此次变故发生后，臣实想委身去死，以守君臣之节。但高贵乡公此次谋变，上危皇太后，倾覆宗庙。臣忝为相国，义在安国定邦，早已三令五申，但成济妄入兵阵，造事生变，为臣哀怛痛恨，五内摧裂。成济违国乱纪，罪不容诛，请收捕成济家属族人，交付廷尉处置。』郭太后明白，此事不过是司马昭幕后导演，但畏惧司马氏在朝廷的威势，只得允准。于是成济一家三族之内，全被诛杀弃市。司马昭又建议立燕王曹宇之子、年仅15岁的常道乡公曹奂为帝，即魏元帝。

司马昭为了掩饰代魏之心不惜杀死成济三族，其阴险毒辣可见一斑。他虽然用『李代桃僵』之计掩饰其祸心，但欲盖弥彰，司马昭之心，谁人不知呢？

舍车保帅，王、殷退兵

东晋晋安帝隆安元年（公元397），兖、青二州刺史王恭，联络荆州刺史殷仲堪，上书朝廷，列举左仆射王国宝，以姻戚频登显位，恃宠肆威，危害社稷，要领兵入朝，『清君侧，除小人』。奏表上达朝廷，东晋群臣大惊失色，主持政事的丞相、会稽王司马道子，坐立不安，下令全城戒严，严密防卫。同时召请其父孝武帝器重的大臣王询入宫，征询计策。王询早先任左仆射，参与国家大政，孝武帝死后，得势的王国宝乘机废黜旧臣，王询只能做了一个尚书令，权力被削，所以对王国宝怀恨在心，但他表面上装出若无其事的样子，一切如常，曾被王恭称赞为汉代的胡广。道子问他：『王、殷二藩叛乱，你知道吗？』王询说：『朝政好坏得失，询均未参加，如何知消息！』说完再不发言，退宫返府。

司马道子想通过与王恭等友善的王询解决问题的企图失败后，王国宝在京都惊恐万分，王、殷两人与自己久有宿怨，现在指名道姓要诛杀自己，叛乱朝廷，他担心自身不保，不知如何是好，急忙问计于从弟王绪，王绪献计说：『王询、车胤与王恭、殷仲堪私下勾结，两人在朝中又有人望，你应该假借司马道子的命令，召集车、王两人入府，杀死他们，先拔去内患，然后挟持安帝和道子，发兵讨王恭、殷仲堪。』王国宝认为王绪所言确是良策，立即动手行动。

王询、车胤受命来到王国宝的府中，王国宝却临阵手软，畏惧二人的威望，不敢轻易加害。反而求计于王询，王询说：『王恭、殷仲堪与你素无深仇，不过为争一些权势罢了。』车胤也告诉王国宝，如果调兵攻打王恭，可能遭到王恭的拼死反抗，那时殷仲堪再从上游东下，就不好对付了。王询则劝王国宝暂时弃权，缓和与王、殷两人的矛盾。王国宝头脑简单，未杀王询、车胤，反而听从王询的劝说，上奏朝廷，自请解除一切官职，出宫之后，又后悔万分，对外假称自己得诏，一切恢复原职了。

司马道子一向把王国宝视为亲信心腹，对王国宝兄弟恩宠有加，本指望两人共同尽力，维持司马氏摇摇欲坠的政权，未想到王国宝招惹是非，送给早就觊觎朝政、拥兵自重的王恭、殷仲堪以出兵口实，道子心中本来就不快，而王国宝反反复复，正在司马道子苦无计退兵的时候，还假传圣旨，一下子惹得道子怒火中烧，不由得厌恶起来，心念一动，王、殷两藩叛逆起兵，要杀王国宝，何不顺其意愿，杀王国宝以救燃眉之急呢？于是公开宣诏，数列王国宝欺君罔上、挑拨君臣等大逆之罪，派骠骑咨议参军司马尚之，拘捕王国宝和王绪。令赐死王国宝，王绪绑到街市斩首示众。把王国宝的兄弟侍中王恺、骠骑将军王愉革职不用，大赦天下。同时司马道子遣派使节，致书王恭、殷仲堪，陈述自己为政过失不少，特此致歉，现在顽凶王国宝等人已经被杀，国家之害已除，希望朝野内外，同心协力，在此乱世，共同维持社稷、宗庙的安全。王恭按照道子的来信，同意罢兵。殷仲堪在王恭撤兵后，召回出征的部将杨佺期，一场东晋中央朝廷与地方藩镇的较量，由于道子主动舍弃了王国宝，暂时干戈平息了。

王国宝被杀，实际上是以司马道子为代表的在朝当权势力集团与以王恭、殷仲堪为代表的地方势力集团之间争权夺利政争的牺牲品。东晋自淝水之战后，尤其是谢安死后，祸乱四起，晋简文帝司马昱生下两个儿子：一个是后来做了皇帝的孝武帝司马昌明，一个是司马道子。简文帝死后，孝武帝嗣位，开始时由崇德太后临朝听政，谢安等人辅政。淝水之战后，孝武帝重用弟弟会稽王司马道子，谢安遭贬斥，后来谢安病死，司马道子大权独揽，迁录尚书事、都督中外诸军事，领扬州刺史，权倾内外，一时间巴结投靠者不绝于道，王国宝就是其中之一。国宝看道子势大，背弃了自己的老岳父谢安和舅父范宁，整日以谄媚道子为能事。孝武帝见兄弟道子权势灼人，为了牵制道子，巩固自己的皇权，把出身世家大族的中书令王恭、黄门侍郎殷仲堪拔擢重用，任命王恭做平北将军，督青、兖、幽、并、冀五州军事，领青、兖两州刺史，出镇京都重要门户京口；殷仲堪任振威将军，督荆、益、宁三州军事，领荆州刺史，出镇京都上游的重要城池江陵。王珣迁左仆射，王雅为太子太傅，这样相内朝外，孝武帝以自己的心腹占据重要职位，分散司马道子的权力，防备道子的专权跋扈。司马道子则以王国宝和王绪等为心腹，结成党羽，与孝武帝势力集团对垒。晋武帝太元二十一年（公元396），贪杯的孝武帝因酒中戏言被张贵人勒死，太子司马德宗即位。他是一个白痴，口不能言，连生活都不能自理，大政实际是由司马道子主持。王国宝在孝武帝临终时，抢先叩宫，想代孝武帝撰写遗诏，自己做辅政大臣，因遭到王恭的弟弟侍中王爽的声斥，才未得逞。王恭回京参加孝武帝的葬礼时，当面告诫司马道子，要他以社稷大业为重，并疏远王国宝。王恭甚至做了杀王国宝的准备。王国宝和王绪也曾预备杀死王恭，所以当王恭、殷仲堪与司马道子、王国宝势力集团的矛盾，已经严重激化，而王、殷两人起兵反叛，矛头指向，名义上要清君侧，根本上来说，杀王国宝也是冲着司马道子来的，对此司马道子心中非常清楚，由此舍车保帅，抛出心腹王国宝，使王、殷两人暂时息兵，虽说是权宜之计，稍作损失，但赢得了宝贵的时间，后来司马道子父子，正是利用王、殷罢兵的机会，暗做准备，又用反间计，斩了王恭，安抚了殷仲堪，瓦解了反司马道子的势力。

第十二计　顺手牵羊
既要人头，玉璧也得

周敬王执政时，已是春秋后期，这时卫国国内统治者上层矛盾尖锐，政权更迭频仍，是春秋时期国君被逐，政变最频繁的一个国家。按史书所载，卫国国君卫庄公曾受晋国容纳保护，但为君后又背晋，晋于是伐卫，卫人出庄公，立公子般师。晋师退，庄公复入，般师出奔。初，庄公登城，见戎州已氏之妻发美，髡之，以为夫人髢。又欲翦戎州，兼逐石圃，故石圃攻庄公。庄公惧，窬北墙折股，入已氏，已氏杀之。史书记载卫庄公被杀事件经过，大都简洁，寥寥数句，甚至用一句话概括，仅说卫庄公出奔，很少论及卫庄公被杀一事详情，实际上庄公之死，因暴虏而被仇人已氏残杀，倒是顺手牵羊之计，在历史中运用施行的一个典型之例。

卫庄公蒯聩在做太子时，即积极参加宫廷阴谋。公元前480年，他筹划武力政变，通过姐姐孔伯姬的情夫浑良夫，亲自带领伏兵，杀子路，胁迫卫国孔氏家族重要人物孔悝立自己为庄公，接着大肆追捕原卫出公辄的党徒、亲信。第二年，蒯聩在向周王室请到册命后，得以名正言顺大权在握，他对为自己上台出过力的孔氏母子，假装设宴款待，灌醉他们，连夜驱逐出国。凡知晓他非法夺权底细的人，都被他猜忌怀疑，担心自己不正当的手段被人看破，拿来对付自己，必欲除之而后安。连卫国重臣太叔遗也被逐出。由此，卫国国内人心纷乱，也就是在这一年，庄公上台的故技，被他的儿子太子疾拿来施用在庄公身上。原来，庄公大肆排斥异己，大臣纷纷外逃，出公辄把国家的宝物也带走了，于是庄公用浑良夫计，让太子疾等人回国，想早立下太子，取得宝器。不意引狼入室，太子疾顺势劫持庄公，胁其盟誓，并要他杀死浑良夫。庄公说原先答应过免除浑良夫三次死罪，不能立即杀他，太子疾暂时答应庄公的请求，但不过一年，借庄公之力，找一借口杀了浑良夫，翦除了庄公的重要臂膀。

鲁哀公十七年（公元前478），晋国大夫赵鞅，派人通知卫国：过去卫君在晋国期间，晋国款待热情周全，是故请『卫君或太子来敝国，向寡君寒暄，略表谢意，如此才能使我们为臣的面颜上有光』。如若卫君不施以答礼，则会是『臣子做事不当』，将遭受晋君责难。卫庄公闻报，就以国内纷乱为由，不想去晋国致谢。而太子疾却派人至晋说父君之事。结果，晋国大怒，以赵鞅为将，领军攻卫。

卫庄公执政失措，引发外患内争，自己心中十分虚弱，寝睡不安。有一次，他梦见自己在北宫，看到一个披发厉鬼立昆吾观上，向北高喊：『登此昆吾之虚，绵绵生之瓜，余为浑良夫，叫天无辜。』卫庄公心中害怕之极，第二天亲自求人占卜，筮史官胥弥赦卜之说：『没有什么事。』庄公听了非常高兴，赐给他一邑，胥弥赦不受而逃往宋国，实际上这时卫庄公已结怨全国，大乱将生而自己不知。

同年冬天十月，晋军再次攻打卫国，并很快入了外城。将要入城时，卫国人主动起来行动，赶走了卫庄公，与晋将赵鞅讲和。于是晋国立卫襄公之孙、庄公的从父兄弟般师为卫国新君，然后退兵回国。但十一月，卫庄公又乘晋军兵退，从鄄邑入都，般师被迫出逃。

恢复了执政统治的卫庄公，并不专注于朝政的调理，去笼络人心，反而变本加厉，更加残酷对待臣民。一次，他登上国都帝丘的城门远眺，望见城外有村落散居城外，随即问身边侍臣，得知是戎人居邑。庄公说：『我是周室姬姓后代，怎么能容许戎州（帝丘城外的少数民族）居住在我的城外呢！』于是下令发兵，掠劫戎州财物，并彻底摧毁了这些戎人的居住村落，致使戎人对他咬牙痛恨。又有一次，卫庄公站在城门上，望见戎人已氏之妻的头发长得特别浓密漂亮，庄公欲占为己有，竟然派出兵丁，把已氏之妻的美发全部剪下，做成假发，给自己的夫人庄姜戴上，以满足自己的私欲。

庄公的暴政专权，终于引发了内政危机的进一步爆发。石圃是卫国上卿石恶之子，自己又居卿位，于国中有不少势力。庄公不喜欢石圃，想要放逐他。石圃见势不好，本拟先逃，恰好此时，为庄公所役使的百工匠人，长年为庄公修筑工程，制作器物，不仅衣食不保，连休息也没有，总是日夜不停地埋首做工，心里早就充满对庄公的愤恨，石圃见此可以利用，于是在公元前478年10月23日，辛巳日，石圃领百工匠人先发制人，攻打卫庄公所居宫室。卫庄公猝不及防，只得关起宫门，派人请求谈判议和，可是石圃哪里答应，反而发力紧攻。庄公知议和无望，为求生路，爬上高高的北宫之墙，越墙逃跑。太子疾、公子青紧随庄公之后，越墙而过，不料刚落地面，被闻讯赶来，乘庄公逃亡势弱之机报仇的戎人手起刀落，双双被杀。

先期越墙而过的卫庄公，落地时已折断了腿骨，又见仇视自己的戎人纷纷拥来，赶紧躲进城外一户人家，哪知冤家路窄，正是他胁迫剃光了妻子美发的已氏之家。庄公逃命要紧，急中生智，从身上拿出一块上等玉璧，呈给已氏主人，说道：『如果你能救我一命，我会把这块玉璧送给你。』已氏主人看了看卫庄公，微笑地对庄公说：『我杀了你，这块玉璧还会落到哪里呢？』说完，拿起刀来，只见血光一闪，一颗头颅落到地上。又随手拾起玉璧，揣进自己的腰内。

春秋后期，正是社会变革急剧加快的转变阶段，过去的大国间争霸战争，渐渐为列国内部争权夺利的频繁政权斗争所代替。政治结构上，过去的礼乐征战自天子出，逐渐为诸侯出，自大夫出，甚至大夫的家臣，亦纷纷起而争政柄，卫庄公上台执政的卫国，正是君君臣臣、父父子子的旧秩序已被打破，父子争位，骨肉相残。君臣之尔虞我诈，内亲之间欺诈杀伐。政敌争斗、权坛互击导致政坛改名情况频繁发生。庄公本来以政变形式上台，执政之后，大肆杀伐排斥异己，造成统治集团内部矛盾重重，他想驱逐势大的石圃，两人随之成为政敌，这是他所处的第一重矛盾。春秋后期，国人与统治阶级的矛盾已尖锐化，庄公长时间役使做工的百工匠人，造成国人怨恨，这是庄公所居的第二重矛盾。庄公不以大政为重，驭政无方，又昧于时势，轻开杀伐，还沉浸在周室王姓的美梦中，毁坏都城城外戎州人村落居室，又抢劫戎人的财产，尤其是不注意小节，居然为满足私欲，剃光已氏之妻的长发为夫人庄姜做假发，这样，卫庄公成为已氏及戎州等少数民族群众之仇敌，构成了卫庄公所居的第三重矛盾。在这三重矛盾中，任何一种矛盾的激化，都将对卫庄公政权造成极大冲击，何况，外有晋军为敌，内有太子疾势力胁迫威逼，真是坐之于火山口，危险即在眼前了。果然，当卫庄公驱逐石圃在即，事机触发，石圃即利用百工匠人对庄公的愤恨，乘机发动国人攻打庄公宫室。庄公性命不保，只好『狗急跳墙』，结果，被第三重矛盾的仇敌戎人乘虚而入，戎人砍杀了太子疾、公子青。而已氏主人为报削妻发之仇，当然要杀庄公了。也是庄公命当该绝，偏偏躲进了已氏之家，庄公为逃生，想以利诱之，掏出一块玉璧，就想收买已氏主人。哪知已氏主人理智心明，报仇为大，玉璧为轻，何况完成了报仇这样一个重要大事，眼前的小利岂有飞去的道理。于是杀庄公，再顺手把玉璧装入自己的腰里，真是大快人心，『仇』利双收啊！

楚王巧计，占地掠美

春秋时期，周室式微，各国之间相互争权夺利。鲁庄公十年（公元前684），蔡哀侯从陈国迎娶夫人，同年息侯也从陈国迎娶夫人息妫，息夫人与蔡夫人是姊妹，这样，蔡侯、息侯两人为连襟，互为亲戚，但是在政治路线上，虽然同为小邦，但各有投靠。蔡侯献午亲密齐国，如鲁庄公五年，他积极参加齐、宋、鲁、陈攻打卫国，护送卫惠公回国。而息侯则向大国楚国臣服。息夫人生得美丽动人，出众的体貌，不仅深受息侯宠爱，也引得蔡侯觊觎。也就是嫁娶为妇的这一年，息妫因回归陈国娘家途经蔡国，蔡侯不仅不以上宾礼接待，还垂涎于息夫人的美貌，假意迎接息妫入宫，试图动手动脚行非礼。蔡侯的行为不仅是对息妫本人的凌辱，当时周王室仍在，上下尊卑礼节仍然着重讲究的春秋时期，也是对息侯及其国家的恣意侵侮。例如本年中，齐桓公就因从前自己逃亡途中经过谭国时，谭国不礼貌对待，桓公便找理由灭了谭国。所以当息妫回到息国，把蔡侯对自己轻薄的言行告诉了息侯后，立即惹得息侯大怒，立誓要借机惩处蔡侯。于是息国派出自己的特使去楚国拜见楚文王。特使说，蔡侯因为与大国齐国有着亲密关系，并不把楚王放在眼里，蔡侯平时还挑拨离间息、楚两国的关系，对楚国早已心存不满，希望贵国能惩罚蔡侯。楚文王此时上台没有几年，开始时担心对蔡国出兵会引起蔡的盟国齐国出兵干涉，对息国的要求尚在犹豫，于是息国特使赶紧把息侯的话如数告诉楚王：『我国与蔡侯既是联盟，又是连襟亲戚，蔡侯争强好胜，请贵国假意派兵来攻打敝国，那时寡人将向蔡国求援，以便为贵国制造攻蔡的借口。』楚文王以为这是个绝好的主意，完全接受息侯的建议。

鲁庄公十年秋季九月，楚国派大兵浩浩荡荡拥入息国，于是息侯向连襟的蔡侯求救，要求蔡兵援息。果然，很快地蔡哀公亲率大兵开入息国境地，在莘地，楚文王命设兵埋伏，结果蔡兵被楚一举击溃，蔡哀侯慌乱之中，带着自己手下的少数亲兵向息侯所居城中逃去，当来到城下时，却见四面城门紧闭，原来守城士兵早接息侯命令，有意拒蔡侯于城门外。蔡侯无可奈何，慌不择路，逃亡途中巧遇楚军，结果做了楚王的俘虏。

息侯得知蔡侯被俘，急忙开城门迎楚军，亲率息国文武官员犒赏击灭蔡军的楚国立功将士，并隆重礼送楚王凯旋归国。至此，蔡侯方才明白，自己中了息侯的圈套。

鲁庄公十四年（公元前680），楚文王决定释放蔡哀侯回国。本来文王从息国带回已做俘虏的蔡侯，是想以哀侯之身生蒸，以祭告大庙。后因文王的大臣鬻拳力谏不可以，认为放蔡侯回国，有利于安定齐国，于楚国有益。楚文王思之有理，于是暂留下哀侯。当蔡侯要回国的时候，文王命大摆宴席，为之饯行。宴席间，文王命美女、乐工把盏奏乐助兴。一位弹筝的女子长得仪容俊秀，媚态艳人，令蔡侯为之心荡。楚王看到此景，得意地对蔡哀侯说：『此女如此漂亮美丽，色艺俱佳，你见过世上有如此美貌的女子吗？』

楚文王的话令哀侯想起了美丽的息夫人和由此而引起的蔡军的莘地败亡，想起了息侯的圈套。于是，哀侯灵机一动，心生一计，他对楚王说：『世上的女子，再也没有比息妫更漂亮的了，眼前的女子比起息夫人，只能是油灯，息妫则是天上一轮明月，最光亮，最美丽。』哀侯极力夸耀息妫美貌的话，打动了同样好色的楚文王，文王叹息道：『世上存有如此美貌的绝色佳人，寡人要是能见上一面，也就死而无憾了。』蔡侯见文王心动，乘机挑拨说：『这又有什么困难呢？以楚王的威望，就是大国齐王的夫人，也能得到的，何况息国只是楚国的附属国呢？』

楚文王虽然送走了蔡哀侯，但蔡侯夸耀美人息妫的话在他心头久久回荡。如何得到相思的美人呢？楚王终于想到了一个主意。很快，他以巡狩为名，带兵到了息国。先是息侯为了酬谢文王惩蔡侯之功，大摆宴席，亲自敬酒给文王。席中，楚文王笑着对息侯说：『早就听说息夫人的大名，寡人前次为贵侯出兵，替息夫人出了口气，也尽了一点微力，今日远道而来，尊夫人何惜为寡人斟一杯驾酒呢？』楚文王的话使息侯心头一震，息侯终于明白了楚王巡狩息国的用意，因畏惧楚国的强大威势，息侯只好息声听命，连忙传呼息妫出来相见。

息妫听到息侯的传唤，很快就来到了宴席桌前，面向楚文王敛衽致谢。楚文王抬头一见，果然是世上罕见的佳丽降临人间，连忙答礼。于是息妫用玉杯为文王斟酒，让宫女转手献给楚王，婉拒好色的楚文王伸长的双手，不久便回宫而去。

美貌的息妫终于见到了，楚王也能够死而无憾了，但好色之念犹如脱兔再也收不回来了。第二天，楚王假意设宴答谢息侯，暗中埋伏兵士，决定迫使息侯就范。息侯不明就里，应召入席。当酒到半酣之时，果然楚王推杯说道：『寡人有功于尊夫人，楚兵也为她牺牲了不少性命，今日大军在此，为何尊夫人不出来酬劳慰问呢？』息侯说：『敝邑虽然很小，却不足为从者优乐，让我回去同她说一说，看她态度如何？』

楚王于是勃然作色，声斥息侯花言巧语，对楚王不恭，是无义匹夫，命左右伏兵，捆绑息侯。又引兵入宫，劫夺息妫。息妫闻前面有变，仰天叹道：『引狼入室，实自取其祸。』楚兵在宫中后花园拦住了欲跳井自杀的息妫，带往前宫面见楚文王，文王见心爱之人终于到手，格外怜惜，以好言好语安慰，并答应不杀息侯。很快，楚军灭了息国，文王把息妫带回楚宫，立为自己的夫人。

春秋前期，是诸侯各国互相征战讨伐，夺土争利最为激烈的一段时间，作为小小城邦的蔡、息两国本是亲戚，理应互相团结，互为声援，使自己得以自存。虽然两国在立国之策、政治路线上各有不同，各自投靠强国齐、楚，都是能够理解的。但两国侯王蔡哀侯、息侯为了一美人息妫，先是哀侯施之非礼，挑起事端。而息侯在自身不足以制敌的情况下，又想假借楚国强势，为自己出口恶气。想不到楚文王好色，在被俘的蔡哀侯挑拨之下，为了得到心爱之人，施展顺手牵羊之谋，利用息、蔡相恶，息侯对楚王惩蔡感恩戴德，息国对楚军放松警惕的机会，带大军入息国，既以强力除了息国，又顺手猎艳，满足了自己的私愿。蔡、息相争，给大国强楚造成了不可多得的时机，正如文中息侯夫人息妫所说的引狼入室，实是自取之祸。而对楚文王来说：这么好的时机，如果不乘机行动，倒是却之不恭了。

据《左传》记载，那顺势挑拨楚文王，借楚文王之手，除去息侯、息妫的蔡哀侯，最后的下场也是很惨。当时士大夫对蔡哀侯多有非议，而息妫虽被楚文王掠为己有，与楚王却连一句话也不说，使文王甚为恼火。回过头来，楚王把满腔怒火发泄到挑动灭息国之事的蔡侯身上，他就在息国被灭之后的几个月，庄公十四年秋天七月，命楚国大军大举进攻蔡国，蔡国也随之而灭，楚文王最后又逮住了一只『大羊』。

顺手牵羊，取得零陵

孙权按照张昭的计策，派诸葛瑾去讨还荆州，没想到被诸葛亮踢了一场漂亮的皮球，到头来还是空手而归。孙权十分生气，对众人说：『既然刘备有先还三郡之言，我立即派官员前去长沙、零陵、桂阳三郡赴任，看他如何？』于是一面释放了诸葛瑾一家老小，一面差官往三郡赴任。可是没过几天，差往三郡的官员，都被关羽一个个赶了回来，孙权盛怒之余，一看文的不行，就决心动武了。他立即派大将吕蒙带领二万精兵，强行收复南三郡。

说起吕蒙，他还是一个很有趣的人物。他少年离家偷偷渡江投奔姐夫邓当，邓当是孙策的大将，吕蒙15岁混在军中，一同征战，别人撵他他也不离开，还屡立战功，孙策欣赏他便留下来了。后来跟随孙权在征伐黄祖、攻打乌林、大战赤壁时，都显出独特的机智和勇敢，受到孙权的重视，当上了将军。吕蒙的军事才华日益显露出来，可是他从小当兵作战，没有读书学习的机会，甚至向孙权报告军务，都是口头汇报，不能亲笔书写。鲁肃等一批有学问的人有些瞧不起他。孙权也当面劝过他：『你现在是大将军了，不同于以前，应该读读书，以便有所提高呀。』吕蒙说：『我的军务太忙，哪有读书的时间呢？』孙权耐心地开导他：『我可不是让你攻读经书当博士，只是让你涉猎一些书典，好了解历史上的成败，从中得到教益。你说军务繁忙，难道比我还忙吗？我从小遍读了《诗经》《书经》《礼经》《左传》《国语》，只是不读《易经》。到我掌管东吴以后，仍然坚持读史书、兵书，自己也感到大有收益。你和蒋钦将军都是聪明、理解力强的人，现在可以先读《孙子兵法》《六韬》《左传》《国语》等。历史上，光武帝在兵马征战的关头，还手不释卷；现在，曹孟德也常常说他老而好学。子明（吕蒙字子明）呀，你要向这些人学习呀！』

打那以后，吕蒙真的开始发奋读书了，而且真是『学而不厌』。他读的书越来越多，连许多书生都比不了。加上他理解力强，有作战的实践经验，能够把书上的道理融会贯通。可是他一直不宣扬自己，也不在别人面前卖弄，以致许多老朋友还以为他依旧不过是个只会打仗的武将罢了。当鲁肃被委派替代周瑜的职务，路过吕蒙驻兵的浔阳时，鲁肃还有些瞧不起吕蒙，不想去看望他。有人劝鲁肃：『吕将军功名日益显赫，不该轻慢，还是应该去看看他。』鲁肃从礼节上出发，就去看望吕蒙。

酒席间，吕蒙问道：『您现在担负重任，和关羽的地盘相邻，准备用什么样的战略和战术对付他？』鲁肃顺口答道：『随机应变呗！』吕蒙却说：『现在孙在东，刘在西，东西表面上是一家，而关羽却像熊虎一般，怎么能不预先做好防备的计划呢？』说着，就小声向鲁肃献上对付关羽的『五策』，请他秘而不宣，做好准备。鲁肃越听越惊讶，最后竟离开自己的座席，走到吕蒙席旁，拍着他的肩膀说：『我一直以为老弟只有武略，今天才知道你学识渊博、英敏不凡，再也不是当年的吴下阿蒙啦！』吕蒙也半开玩笑地说：『士别三日，当刮目相看嘛！老兄怎么用老眼光看人呢？』两个人越谈越亲密。

孙权知道了吕蒙的进步，非常高兴，这次要进攻关羽属下的三郡，任务很重，就交给他来承担。收复荆州一直是吕蒙的心愿，而且早就做好了筹划。孙权命令一到，他立即发兵西上，同时向三郡发出文告，限令投降东吴，否则城破之日，刀下无情。三郡中的长沙太守、桂阳太守望风而降，只剩下一个零陵太守郝普坚守不出。刘备得到战报，亲自带五万大军出川，来到公安督战，命令关羽统兵三万救零陵，并夺回长沙、桂阳。孙权也亲临陆口，命令鲁肃带一万军队堵击关羽。关羽、鲁肃相峙在益阳，孙权怕鲁肃抵不过关羽，派飞马急召吕蒙放弃零陵，帮助鲁肃，对抗关羽。

吕蒙接到孙权要他火速退兵的命令，既要遵守，又不甘心丢下零陵。他一面隐瞒立即就要撤军的命令，一面让军队做好第二天清早攻城的准备，其实这都是表面的样子，是做给郝普的好朋友邓玄之看的。吕蒙在行军的路上，就准备了这一手，事先用车把邓玄之『请』来。他对邓玄之说：『郝普忠于自己的主人是好的，可是太不识时务了。左将军（刘备）已经被夏侯渊包围在汉中；关羽远在南郡，被孙将军挡住，他们首尾不继，自顾不暇，哪里还有余力来救零陵呢？我这里士兵精锐，还有后军马上要到，明早就将攻城，这些您都亲眼看见了。如果明天攻破城池，不光郝普白白送命，连他的百岁老母也活不成了，岂不可惜！我想郝普被围困多日，不知道外间的情况，还以为可以等待外援，所以才顽固不降。希望先生进城见见郝普，把面前的祸福告诉他呢！』邓玄之连夜进了城，把从吕蒙那里听到的消息连自己看到吕蒙明早就要发动总攻的情况告诉了郝普。郝普信以为真，决定投降。吕蒙一边布置撤军，自己也来到湘水岸边，等待郝普；一边选出四名将领，各带一百名士兵，等郝普一出城，就立刻抢占并守住城门。一会儿，郝普出城了，吕蒙握着他的手一起下了准备从湘水撤退的大船。互相客气了两句，吕蒙就把孙权的火速撤军令给郝普看。当郝普知道刘备已到了公安，关羽也就在不远的益阳时，真是既后悔，又羞愧，无地自容。吕蒙临撤军之际，还顺手牵羊得了零陵，其胆略着实令人钦佩。

第三章 攻战计智谋典故

第十三计 打草惊蛇

三拷吉平，曹操破盟

曹操用将计就计之策擒获了欲谋杀他的太医吉平后，准备以此为线索，破获这起谋杀大案。

为了从吉平口中得到供词，曹操令二十多名精壮狱卒把吉平押到后园进行第一次拷问。曹操坐在亭上问：『你是个医人，无缘无故怎能在药中投毒害我？一定是有人背后唆使，只要你供出幕后指使之人，我便饶你不死。』吉平大骂道：『你是欺君罔上的汉贼，天下人谁不想杀你，何须他人指使？』曹操冷笑道：『你在朝中行医多年，为我医病也有数次，以前为什么未曾投毒害我？这里必有缘故，速从实招来！』吉平无话抵赖，只是怒目不语。曹操见吉平不招，遂令狱率轮番痛打。顷刻间，吉平被打得皮开肉绽，死去活来。曹操见吉平宁死不招，又怕把他打死，于是令人先把他监禁起来。

曹操想，国舅董承的家奴说吉平与董承合谋害我，并且还有其他同谋之人。既然吉平害我已是真，看来其家奴所说的也一定不假。不过董承是当朝国舅，若手中无证据怎能治其罪？看来我还得先扫清外围，最后再找董承算账。

第二天，曹操请朝中诸公卿宴饮。除国舅董承因病未至，其余都到齐了。酒过数巡，曹操对众人说：『宴中也没有什么可使众卿开心的，我这儿有个人，可为众官醒酒。』说着，令人把吉平押入。曹操指着吉平说：『现在朝中有人暗中结盟欲图谋曹某，与他同谋者先有六人，加上他便是第七个。那六个人主动出来招供，便可免去死罪，如若不招，今日可请听他的亲口供词。』说罢，令人先毒打了吉平一顿。这边士卒痛打吉平，那边曹操留心观察着宴间每个人的神色。

坐在席间的王子服等四人，本不知吉平也是其同党，但从曹操话语中听到与他同谋者还有六人，于是便心惊起来。这时，吉平仍未招供，只是一味大骂曹操。曹操经过察言观色，已确认了董承的家奴所提供的情况是实，于是便令人先将吉平押了下去。

散席后，曹操把王子服、吴子兰、种缉、吴硕四人留下，声称要与他们继续饮宴。这四人见势不妙，但也不得不强打精神应酬。曹操见他四人举止失措的样子，暗想，董承的家奴说，他们四人常去董承府中密谋，看来他们必是同党无疑，不然为什么如此魂不守舍呢？于是对他们说：『你们四人近日在董承府上密谋何事？』王子服说：『我们没有议过什么事啊。』曹操问：『你们在那白绢上写些什么字？』四人都说没见过。曹操见他们抵赖，便把董承府上的家奴秦庆童唤来对证。

秦庆童说：『你们四人与我家主人驱走所有侍从，六个人在一起往白绢上画字，怎能赖掉？』王子服等人心想，这个家奴只看到一枝半节，并不知详情，于是对曹操说：『这个人与国舅的侍妾通奸，遭主人责骂后便来此诬主报复，丞相切不可偏听！』

曹操怒斥道：『吉平下毒害我未遂是我亲眼所见，难道这还有假吗？今晚你四人若能主动自首尚还来得及活命，若待我查明真相后再招供可就迟了！』说罢，令人将他们监禁了起来。

曹操尽管用了许多心思，仍未从他们口中得到任何供词。他想，我手中无证，就不能去碰他董承了吗？我何不去他府上诈他一下呢？

次日，曹操率众到董承府上去『探病』。曹操一见董承便说：『听说国舅有疾不能赴宴，特来探望。』董承应承说：『偶染小疾，怎劳丞相亲来相探？』曹操若有所指地说：『国舅患的恐怕是心病吧。不如出府走一走，晒晒太阳，这府内也太阴了吧。』董承一听这话有些不对味，正在不知如何对答之际，又听曹操单刀直入地问：『国舅知道吉平的事吗？』董承装作不知地问：『吉太医有何事？』

曹操冷笑一声说：『国舅好健忘啊！他在你府上咬去了一节手指，你难道不知？』说着令人把吉平押至。

董承见吉平被枷钉着，知道他谋杀曹操未成反被擒获，但又不知吉平是否将他供出。从曹操言语之中，似乎吉平已招认了他在我府中咬指发誓的事。想到这儿，登时有些手足失措，额头上的汗珠成串地滚落下来。

吉平见董承如此，只恐他自出破绽，遂开口大骂曹操。曹操令士卒用刑。不一会儿，吉平求曹操说：『吾熬刑不过，就此招供便是，可为我松绑。』

曹操以为吉平真的要招供，便令人为他松了绑。吉平站立起来喊道：『臣不能杀死曹贼乃天数也！』说完，一头撞死在台阶上。

曹操见吉平已死，只好把秦庆童拉出来问董承说：『国舅可认得这个人吗？』

董承一见家奴在曹操处，便什么都明白了，于是大怒道：『好一个逃奴！』拔剑便欲杀人灭口。

曹操拦住他说：『他出首告你谋反，如今前来对质，焉能杀人灭口？』

董承说：『丞相为什么要听小人一面之词？』

曹操冷笑一声说：『王子服等人已被我擒下，是他们将你供出，你怎么还敢抵赖？』

董承听后，顿时有些心虚。曹操见董承心虚如此，马上令人抄搜董承房间。不一会儿，便从董承房内搜出了天子以血写的密诏及董承等人写的义状。

曹操手提两幅白绢问董承说：『国舅还有什么话可说？』随后令人将董承全家拿下，皆尽监禁。

太祖激变，惊打北汉

五代末年，后周殿前都检点赵匡胤，手握重兵，陈桥兵变，黄袍加身登上帝位，建立了宋王朝。宋代初年，北有敌国北汉及与之相勾结的辽国，更有后周的旧部将李筠等拥众兵镇守西潞州，他们与北汉、辽等早有往来。宋太祖于建隆元年（公元960），审时度势，在宋、李筠、北汉、辽四方的政治势力角逐中，便以激变李筠，而后征讨，以惊北汉、辽国等敌手，且削夺其外围势力（实为政治盟友的李筠）。致使通过激怒之法『打草』（伐李筠），达到既惊慑北汉、辽国『敌蛇』，又除掉边镇之患的多重目的。宋太祖应用此计，运筹帷幄，实现方略的具体推进步骤如下：

第一步：抚（招抚）。建隆元年四月，宋太祖诏令原后周昭义军节度使、太原人李筠加官为宋朝廷中书令。当朝廷使者到达潞州时，李筠当即打算拒绝诏命。只是左右官员恳切劝谏，才请进太祖派来的使者，设置酒宴奏起音乐，但随后又取出周太祖画像悬挂在厅堂墙壁，流泪不止。宾客僚佐惶恐惊惧，告诉使者说：『令公醉酒有失常态，请不要见怪。』北汉国主睿宗刘钧听说此事，就用蜡封密信交给李筠共同起兵，李筠长子李守节此时哭泣劝谏，但李筠不听。

第二步：激（激怒）。宋太祖听闻李筠的种种表现，一方面用亲笔诏书安慰招抚，另一方面又召李守节进京为皇城使。而李筠则趁机派遣李守节入朝观察动静，太祖迎面对李守节说：『太子，你为什么缘故前来？』李守节惶恐四顾，用头碰地说：『陛下怎么这样说？此必定有说坏话的人在离间臣父和陛下的关系。』太祖说：『我听说你多次劝谏，但你父亲不听，所以他派遣你来，想让我杀你罢了。你回去告诉你父亲我没有做天子的时候，任凭你自己作为；我既然做了天子，你难道不能稍微让我一点吗？』李守节驱马飞驰回去报告李筠，李筠于是命令幕府起草檄文历数宋太祖的罪状。十四日，逮捕了宋朝廷所派的监军周光逊等人，派遣手下牙将刘继冲等押送到北汉表示归顺，要求支援，又派遣军队袭击泽州，杀死刺史张福，占领泽州城。

第三步：变（叛变）。李筠反叛朝廷后，从事闾丘仲卿劝说李筠道：『您孤军起兵举事，形势十分危险，虽然表现上倚仗河东（指北汉）的支援，恐怕实际上也得不到他们的有力帮助。大梁（指宋朝）军队武器精良锐利，难以同他们争头决胜。不如西下太行山，直抵怀州、孟州，堵塞虎牢关，占据洛邑城。然后向东去争夺天下，这是上策啊。』李筠却说：『我是周朝老将，和周世宗的情义如同兄弟，宫禁警卫将士，都是我的故旧，听说我到达，必定会倒戈投归我，怕什么不成功呢！』不采用闾丘仲卿的计策。

十七日，昭义兵变奏报。枢密使吴廷祚向太祖进言说：『潞州岩崖险峻，贼军倘若固守的话，就不能用一年半载的时间攻破。然而李筠一向骄傲轻率没有谋略，应该迅速领兵攻击他。』十九日，派遣石守信、高怀德率领前头部队进军讨伐，太祖敕令石守信等说：『不要放李筠西下太行山，急速领兵把守要塞，那打败李筠就必定无疑了。』

五月，北汉睿宗闻李筠背叛宋朝廷起兵后，派遣内园使李弼将诏书、金银绢帛、好马赐给李筠，李筠便又派遣刘继冲前往晋阳，请求北汉睿宗起兵南下，自己作为前导。北汉睿宗派遣使者向辽国请求援兵，辽军没有集结，刘继冲陈述李筠意思，要求不用契丹军队。北汉睿宗当天举行军队大检阅，倾国之兵自己统领从团柏谷出发，群臣在汾水岸边为之饯行，左仆射赵华劝谏说：『李筠起事轻率仓促，事情必定无成，陛下尽境内之兵赶赴征战，臣下看不出来其事可行。』北汉睿宗不听从。

当北汉军队行进到太平驿时，李筠亲自率领官员僚属迎接谒见，北汉睿宗命令李筠朝拜时赞礼人不唱其名，坐在宰相卫融的上方，封为西平王。李筠看到北汉睿宗的仪仗卫队又少又弱，内心很后悔，却又自言蒙受周朝的恩宠不忍心辜负。但北汉睿宗同后周世代结仇，听到李筠的话，也不高兴。李筠准备返回，北汉睿宗派遣宣徽使卢赞监视他的军队，李筠心中越发不平。卢赞曾经会见李筠计议事务，李筠不理睬，卢赞发怒，拂袖起身。北汉睿宗听说卢、李有矛盾，于是派遣卫融前往军中进行和解，致使叛军出师便不利。

第四步：赶（征讨）。宋太祖获悉李筠背叛朝廷，勾结敌手北汉、辽国军队，公开叛乱。于是除调遣军队，自己又亲自布防，并率军征讨。既剿平叛军，又能『惊』慑、削弱北汉与辽军势力。这是实施此计的关键一步。

同年四月，宋太祖召三司使、清河人张美征调军队、粮食，张美说：『怀州刺史、大名人马令琮，估计李筠必定反叛，日夜储备粮草来等待王师。』太祖立即下令授马令琮为团练使。随后，又采纳宰相范质的谏言，由于大军北上攻伐，依靠马令琮按需要供给，不可再转移到其他州郡，于是又将怀州提升为团练使州，让马令琮充任团练使，以保障后备供应。

五月初，宋太祖又任命洛州团练使郭进为本州防御使，兼任西山巡检，防备北汉军队。

叛军头目李筠留下长子李守节守卫上党，而自己则率领部众三万人向南出击。不久，朝廷的军队石守信等部在长平击败李筠军队，又攻克他的大会寨。

十九日，宋太祖下诏亲证，讨平李筠叛乱。不久，从大梁出发，二十四日，在荥阳停留。这时，西京留宋向拱劝说太祖：『渡过黄河，翻越太行山，乘着贼军没有集结就攻击它。如果滞留拖延十天，那贼军的势头就越发猛烈了。』枢密直学士赵普也说：『贼人认为我国家新建，不能出兵征伐；倘若日夜兼程，攻其不备，可以一战而胜。』太祖采此意见。

二十九日，石守信、高怀德在泽州南面打败李筠叛军三万余人，俘获北汉河阳节度使范守图，杀死卢赞。叛首李筠则逃入泽州，环城固守。该月，永安节度使折德扆攻破北汉河石寨，斩首500级。

六月初一，宋太祖到达泽州，督令军队攻城，过十天还没攻下。他于是召见控鹤左厢都指挥使蓟人马全义询问计策，马全义请求全力紧急进攻，就率领敢死军士首先登城，飞箭穿透手臂，马拔出箭头前进战斗，太祖则亲率领警卫军队继续跟进。十三日，攻克泽州城。李筠投火而死。俘获卫融。

第五步：蛇（惊蛇）。通过宋太祖亲征，终于将李筠叛军讨平。同时，还对北汉军队有所斩获和俘擒。李筠叛军的覆灭，宋太祖的『打草』之举（驱赶），使叛军背后的支持者、盟主的北汉、辽军大为震惊，亦大伤元气。由此使宋太祖通过计谋所企达之目标全部实现。

当时，北汉睿宗听说李筠战败，便从太平驿逃回晋阳，对赵华说：『李筠不成气候，结果如爱卿所言，我侥幸保全军队而归，只是悔恨丧失卫融、卢赞罢了！』赵华不久便告老还乡。至于辽军则听说潞州被宋军攻破，结果也没有出兵。

二十九日，宋太祖从潞州出发。七月十日，到达京师。

当初，北汉宰相卫融被擒，宋太祖责问他说：『你唆使刘钧帮助李筠反叛，是为什么？』卫融回答说：『狗见了不是主人就叫，臣下实在不忍心背负刘氏。』并且说：『陛下即使不杀臣下，臣下也必定不为陛下效力。』太祖发怒，命令左右卫士用铁杖打他的头，血流满面。卫融呼喊道：『臣下死得其所了！』太祖说：『是忠臣啊，放了他。』用好药敷贴他的伤口，因此让他送致书信给北汉睿宗，要求归还周光逊等人，表示诚意，将卫融送归太原，北汉睿宗不予回答。十三日，北汉任命卫融为太府卿之官职。

可见，到此时，北汉、辽军『敌蛇』，不仅因李筠叛军被宋军剿平而『大惊』，同时本身还损兵折将，丢城失地，甚至连北汉宰相都做了宋军的俘虏。卫融被俘后，宋太祖亲审、亲惩后，又突然放了他，让其做传书信使回归北汉，北汉之主对宋太祖的书信拒不答复，又不放宋监军等人，还大贬了放回的卫融之官职。这既表明北汉已元气大伤，毫无任何反击应变之力，还预示着内部矛盾加剧。卫融的俘而复回，无疑是安放在北汉之主身边的一颗内耗型定时炸弹，随时可能引而待爆，『敌蛇』之惊，已实成『重伤』『内创』之状了。这一计谋运用成功的关键恰在于此。

巡抚审贿，计惊贪督

清代统治者为延揽、招募人才，向有若干年定期举行殿前会试、地方分试的科举考试制度。每遇考期，恰是各种政治势力、官场各色人等，进行角逐、较量的关键时刻。在康熙年间，江南的一场乡试中，受贿贪官与清官、巡抚与总督、满官与汉官、皇帝与地方官员之间，便进行过一场生死较量与搏斗，由于巡抚张伯行一身正气，及时、准确、巧妙、熟练地在这场政治斗争中，运用打草惊蛇之计，终于伸张了正义，维护了皇帝，而使大小贪官伏法。历时甚长，屡经波折，且又牵动多人，最终才算了结，实属耐人寻味。

康熙五十年（1711）六月，殿会试、乡试发榜。但江南乡试榜名公布后，一些不学无术的富户子弟金榜题名，而不少有真才实学的考生却名落孙山。于是，人们和应考考生群情激愤，将考场的匾额『贡院』二字改为『卖官』，同时联名上书告状，要求查办。当时，江南的巡抚张伯行是个正直、清廉的官员，他接到考生们的状子后，立刻表示要查办此事，究其原委。后经初步调查得知，原来是副考官赵晋受贿，而正考官则畏于权势，对受贿之事不敢过问。张伯行于是立即上书康熙皇帝，对肇事官员进行弹劾。

康熙皇帝看了奏本以后，十分生气，决定派尚书张鹏翮、侍郎赫寿，到江南会同江南总督噶礼和张伯行一道对此案进行追查。张、赫到达江南后，噶礼设宴盛情款待皇帝钦派的朝廷大吏，终日歌舞宴乐，当问及此案时，噶礼则说：『已查明副考官赵晋私漏考题，依法逮捕了。』随后当堂会审。赵晋则跪在众官面前，只承认全系他自己的过失，与他人毫无干系。但在回答问题时，吞吞吐吐，并不时偷看噶礼的脸色。这一切，立即引起了巡抚张伯行的怀疑。

退堂以后，张伯行接着秘密提审了赵晋，查出了行贿的考生为吴泌、程光奎。张伯行又顺藤摸瓜，接着又严厉追查，吴、程二人虽承认贿赂了考官，却誓死不敢把事实真相全盘托出。当再审问赵晋时，赵则吓得痛哭流涕地说：『大人，奴才不敢再说了。否则一家人的性命难保哩！』于是，张伯行感到这案子的背后，还有一股无形的压力，有更为隐秘、深藏的『蛇』在从中作梗。因此，犯人才会如此惧怕，这定有原因。

于是，张伯行派人立刻连夜追查，后从犯人的家眷中，得知江南总督噶礼曾派人关照警告过。张伯行又继续秘密提审一行人犯，终于招出噶礼受贿最多，是他一手策划了这次舞弊案。张伯行接着将此情状通报给朝廷委命钦官给尚书张鹏翮、侍郎赫寿。但此人原先就与噶礼关系不错，这次来江南后又得到他的许多好处，于是决定马上停审结案，想一并处理了赵晋与行贿的考生就算完事。接着，噶礼便立刻倒打一耙，诬陷张伯行七条罪名，上奏皇帝。同时，张鹏翮、赫寿也回奏说：赵晋与考生串通作弊是实，但说噶礼参与作弊则是张伯行的诬陷，要求朝廷罢免张伯行的江南巡抚官职。

但是，张伯行不畏权势，再次上书康熙皇帝，坚决要求对有关受贿官员依法惩办。康熙皇帝接着只好再派尚书穆和伦等人去复查此案。他二人到江南后，同样得到噶礼的许多好处和甜头，竟然主张维持张、赫调查的原案。

尽管如此，张伯行虽一再受到诬陷打击，却毫不畏惧，再次上奏康熙皇帝，详明案情和审理经过，并附上案犯亲笔口供及旁证，表示了宁可丢官也要依法办事的大义凛然精神。作为政治上颇为精明、清醒的康熙皇帝，在接此奏折后，感到一方要追查，一方不让追查，其中必定有鬼，于是派了身边靠得住、信得过的人，前往江南秘密调查，其结果与张伯行的审理结果完全一样。接着，他又亲自审案，果真如此。于是，当即下令将噶礼等人犯依法治罪，并怒斥张鹏翮、赫寿、穆和伦等人，将他们降为原任官职，以示警处。同时，还提升张伯行任朝廷尚书。

在这场围绕江南科场舞弊案的政治较量中，作为江南巡抚的张伯行，在追查案犯、深究元凶的过程中，巧妙地运用了打草惊蛇的计谋，一步一个脚印，虽一波三折，险些夭折，甚至被蛇所咬，但最终水落石出，使真相大白于天下。这其中，运用得法在于一『驱』，二『赶』，三『打』，四『惊』，步步为营，稳扎稳打，致使计谋预期的案情、惩凶、伸（气）正、压（势）邪的目标，全部得以实现。

然而，张伯行实施此计时，采用的手法，是驱甲（赵晋、贿主考生）赶乙（江南总督噶礼、此案元凶），实其势（人证物证在握）却又虚其声（秘密严审案犯人等），终于打草惊蛇，使噶礼露其原形，自己跳出来，上奏不准再追查此案，而张坚持追查到底，相持不下，最后由皇帝辨其贪正，惊蛇被惩。这里，『驱』的具体办法则是『恐吓』策略。但它非一般意义上的恐吓、恫吓，而是张伯行抓住赵晋在众官会审时的眼色、口供破绽，立刻单独秘密严审，高扬清代法律的威势、无情，明以正义，晓以利害，示其后果，终使赵晋与行贿考生只得如实招供。后又亲取物证，查明元凶。此种驱打（草），步步紧逼，直抵蛇穴，致使蛇（噶礼）不得不惊，不得不惧，而终被捉住。

第十四计　借尸还魂

齐王用计，复得兵权

西汉初年，汉高祖刘邦登帝位后，为剪除地方割据势力，便利用各种手段去铲除异姓诸王的力量，大封同姓王，在原有的封地上，分封刘氏家族子弟为王。高祖死后，朝廷由吕后独揽大权，致使汉朝已成吕家的天下。此时，吕后不能容忍刘家诸王势力的存在，于是对刘氏各王，不是捏造罪名加以杀害，便是借故削去他们的兵权，以防止他们对吕氏朝廷的反叛。

其中，齐王刘泽见诸兄弟逐个被吕后迫害，极为痛心疾首，自己更加恐惧万分。有一天，齐王在封他的园中，正一筹莫展地散步，突见谋士田子春疾步前来相问：『大王为何这般忧虑？』刘泽叹息说：『我虽为王，现在却毫无权力，昔日父皇给予二十万大军的兵权，现在也被吕后收回，今后如何是好？』田子春听罢却笑着说：『这有何难。我有办法去长安向吕后要回兵权便是了。』刘泽听后大喜，随即问有何办法。田子春却不语，只要了一些金钱和黑、白两匹骏马，便带着儿子上路了。

谋士田子春父子离开齐王封地后，来到长安。在京城长安的繁华街道住下，然后四处打探吕后身边的心腹为何人物，获悉此心腹为经常路过此地上朝的六宫太使张石庆。田子春了解到这些情况后，一日早晨，他将白马拴在旅店门前桩上。张石庆上早朝入宫路经此地，见到这匹膘壮肉实的大白马，非常喜欢。次日，田子春又将黑马拴在门口，张石庆途经，见黑马更赞不绝口，问左右这是谁家的马匹，随从回答这是外地贩马者所贩卖的马匹。张石庆一听，急欲购买得手。田子春将这些情况一一探析获得后，便亲自到张石庆府上，登门求见。门卫回禀说：『外面有一个外地贩马者要求见大人。』张石庆心中窃喜，忙唤家人将贩马者带入。扮成贩马者的田子春与张石庆商议购马一事时，田则说：『如果大人果真喜欢这两匹好马，何言购买小事，小人愿意亲自奉上，以表致意。』张石庆一听此言，惊喜异常。随即反问道：『为何你卖马却不要钱呢？』田子春却说：『倘若卖马，我只能弄些钱，我愿以马借此疏通官府，得到一点差事做做。』张石庆一听，不断点头允诺说：『要想做官，这个好办，请暂且留在我的府上如何？』田子春听罢，心中暗暗高兴，一面答应，一面却在暗中思忖下一步棋该如何走。张石庆将良马得手后，心中高兴万分。他夫人娘家姓田，于是田子春为迎合她，又攀了本家，与张石庆以妻弟相称，以博张、田二人的欢喜。

有一日闲谈时，田子春故意逢迎般地向张石庆说：『姐夫要想讨好吕后的喜爱并不难，现今我有一计，准保能使姐夫上升为上大夫的显官要职。』于是，张石庆急忙便问，究竟为何计。田子春却故意漫不经心地说：『听说吕后还有三个本家尚未封正，不如请姐夫上奏请封吕氏三人为王。这样一定能使吕后喜悦，而姐夫被封上大夫，也就指日有望了。』张石庆一听，觉得颇有道理，决定按此办理。第二天上朝时，张石庆便向吕后奏上此本，吕后听罢果然接纳。并立即命封吕超为东平王、吕禄为西平王、吕产为中平王。同时，又加封张石庆为末厅丞相，赏帛金三万。张石庆回到府中，便将上奏经过、升官得赏的经过，向田子春一一叙述，并表致谢之意。然而，田子春听完后，却故作满脸惊讶般说：『呀，这可不好，上次我只是随便说说而已，没有意思让你真的这样去做。这样一来，岂不是对朝廷不利了。』张石庆急问究竟为何故。田子春却说：『吕太后一日连封三王，刘氏的王爷会服气吗？如果他们借此而蓄意造反又如何是好？』张石庆一听，已急得满头大汗，急问该如何办，于是田子春又故作神秘地献上一计。张石庆决定再照计行事。

于是，张石庆当晚入宫，决定再见吕后。他面禀说：『外面已有传闻，刘泽、刘长、刘号三王知道太后又加封吕氏三王，甚为不平，恐有造反之意。而百姓对太后此举也颇为不满。我的意思是，对于刘氏三王，有官者赏赐，无官者则付以兵权，以此来平息他们的不满和愤愤。』吕后听完也觉得很有道理，认为目前也只好照此办理了。随即便召见丞相陈平入宫商议。陈平听完后，评道：『刘氏三王中，现在只有齐王刘泽是无兵无权镇守山东。』接着，吕后便命立即召刘泽进京来议事。齐王到京城长安后，吕后对他说：『我儿镇守边城而无兵权，怎么能行使守卫之责，现在将兵印交付给你，务须谨慎从事！』刘泽听罢，立即跪地谢恩致意。但究竟给他多少兵马，吕后却一时拿不定主意。便问陈平说：『三万如何？』陈平、刘泽听后皆不回答。『五万如何？』两人又不说话。『七万如何？』陈平此时向刘泽暗暗眨眼示意，仍皆不语。吕后一见此状，气愤已极地说：『如果七万不行，就不给了。』这时陈平却故意高声喊道：『齐王还不赶快叩头谢恩，太后已给你二十五万兵马啦！』刘泽连连伏地叩头谢恩。吕后质问陈平，陈平说：『你刚才不是说七万不行就二十五万吗？』吕后见状，也只好心中暗暗叫苦，加以默认了。她只得转过身来，无可奈何地向刘泽说：『看在高祖的分上，把兵带走，去镇守边防吧！』刘泽于是立即带领二十五万大军回到山东。此时，谋士田子春也不辞而别地离开了张府。过了不久，吕后得悉，刘泽果真在山东起兵造反，极为恼怒，急忙召问陈平、张石庆其中的因由。到此她才明白知晓，骗夺兵权者实际乃是刘泽的谋士田子春。于是，吕后命人火速捉拿田子春，但得到张石庆的回禀，田氏父子早已回到山东齐王封地去了。吕后只落得个中计丧兵权、封赏而激天下众叛的内外交困，加速自毙的结果。

此事例中，实施『易法』而借尸还魂之术者为谋士田子春，中计者为吕后，所还之魂，即政治目的为夺回齐王刘泽失去的兵权。行计中的穿梭人物则为张石庆。通观此计的实施全程，它有如下特点：首先，认『尸』精准。田子春正当齐王丧兵夺势、前途危惧之时，挺身而出，父子二人『单刀赴会』，铤而走险奔长安。然而，抓住吕后亲信、六宫大使张石庆做主攻对象。认定此『尸』（外力）可借，实现了『距离敌人核心越近，反倒最为安全有利』的军事策略。从而为『借』『还』提供了必要前提，奠定了制胜基础。其次，易法『借尸』巧诈。田子春为『借尸』，在张石庆身上狠下功夫，先投其所好献良马（情、物投资）；次其委身张府攀其亲（故作姿态以接近而释疑）；再则两献妙计假其手（设下圈套，圈内有圈，套外有套）。使之用常法之技难达之『借尸』目的，此『易法』则巧诈而得。此后的还魂便是顺理成章之事了。最后，还魂之术奇绝。齐王刘泽若用常法、常技、常规，向吕后索还兵权，既不可能，反倒可能遭杀身之祸。而经上面两步的运行、铺垫之后，刘泽的重掌兵权便是势所必然，备具安抚、政治平衡的性质，因此，刘泽被召入宫后，在吕后面前，才有兵力上讨价还价的余地和潜在理由。再加之刘、陈二人的一番真戏假做、假戏真唱，一对一和地『政治双簧』的出色表演，终使吕后在『君无戏言』的信条下，乖乖地认输，默认刘泽率数十万大军而去。待『梦醒时分』，方觉齐王叛势已成，悔莫当初。此『还魂』之奇绝、魂定之瞬息，失者之惨烈，可谓惊世骇俗了。

秦王扫六合，一统全国，用兵日久。统一之后，又北修长城，以抗匈奴；南伐百越，以振国威。再加之大修阿房宫、始皇陵，开凿驰道，百姓劳役赋税日重，大有不堪重负之势。

秦二世元年（公元前209）七月，秦王朝从汝阴（今安徽阜阳）、蕲县（今安徽宿县东南）征集了900名贫苦农民去渔阳（今北京密云西南）戍守边防。他们在两名官吏的押送下，昼夜兼程，风餐露宿，苦不堪言。但行至大泽乡（今安徽宿县刘村集）时，突遇暴雨数月，道路受阻延期，无法按期赶赴渔阳。然而，按照秦王朝的法律，戍边误期者将被处斩。于是，这些人均面临可能被处死的巨大威胁。

陈胜（字涉）、吴广则是此次同行的被征戍的民夫之一。陈胜少时，『曾与人佣耕』，饱经沧桑与苦难。他们被押送官员指派为这批戍卒的头领，亦深得人们的信任和拥戴。值此死生存亡之际，大家一致要求陈、吴二人想办法死里逃生。陈胜说：『咱们误了期，赶不到那里，非死不可。』有人提出：『咱们逃跑吧！』『那也不行，我们能逃到哪里去呢？所以说，不逃是死，逃也是死。』接着吴广对大家说：『我们与其等死，不如去拼死，如果这样，或许还能有条活路。』大家于是同意这样办。这时陈胜、吴广虽然看到众戍卒均有拼死求生的强烈要求，但需要有个有威望的人出来相号召，起事才有可能。他俩私下商议之后，便想出一个先在戍卒中制造舆论的办法，来树立自己的威信，此法即『鱼腹丹书』与『篝火狐鸣』。为实施此法，有一日，陈胜用朱红丹砂在一块丝帕上写上『陈胜王』三字，偷塞于渔夫刚捕捞到的鱼腹之中，故意让戍卒们买走这条鱼，待他们回去剖洗此鱼时，发现丝帕丹书，无不称奇。消息不胫而走，人们纷纷私下传说陈胜是个有帝王之命的人。与此同时，陈胜又叫吴广在夜里偷偷跑到附近的荒庙里，烧起一堆野火，假装狐狸的叫声，嘶喊着『大楚兴，陈胜王』，众人远远听到这种声音，又见闪烁不定的篝火，惊恐之际，越发相信陈胜绝非凡人。戍卒们中间，大家纷纷传说着连日来的怪事，认为这是天意所为。于是，陈胜在人们的心目中，逐渐拥有了极高的威信。

王莽托古改制而篡汉，这是汉代历史上的大事，也是借汉朝之旧尸，而拣还新朝『新魂』的典型事例。